乾偉典藏

二〇〇二年四月三十日

般舟三昧經

中國佛教經典寶藏精選白話版

40

吳立民 徐蓀銘 釋譯

星雲大師總監修

佛光山宗務委員會印行

總序

自讀首楞嚴，從此不嚐人間糟糠味；
認識華嚴經，方知己是佛法富貴人。

誠然，佛教三藏十二部經有如暗夜之燈炬、苦海之寶筏，爲人生帶來光明與幸福，古德這首詩偈可說一語道盡行者閱藏慕道、頂戴感恩的心情！可惜佛教經典因爲卷帙浩瀚，古文艱澀，常使忙碌的現代人有義理遠隔、望而生畏之憾，因此多少年來，我一直想編纂一套白話佛典，以使法雨均霑，普利十方。

一九九一年，這個心願總算有了眉目，是年，佛光山在中國大陸廣州市召開「白話佛經編纂會議」，將該套叢書訂名爲《中國佛教經典寶藏》。後來幾經集思廣益，大家決定其所呈現的風格應該具備下列四項要點：

星雲

一、啓發思想：全套《中國佛教經典寶藏》共計百餘册，依大乘、小乘、禪、淨、密等性質編號排序，所選經典均具三點特色：

1歷史意義的深遠性

2中國文化的影響性

3人間佛教的理念性

二、通順易懂：每册書均設有譯文、原典、注釋等單元，其中文句舖排力求流暢通順，遣詞用字力求深入淺出，期使讀者能一目了然，契入妙諦。

三、文簡義賅：以專章解析每部經的全貌，並且搜羅重要章句，介紹該經的精神所在，俾使讀者對每部經義都能透徹瞭解，並且免於以偏概全之謬誤。

四、雅俗共賞：《中國佛教經典寶藏》雖是白話佛典，但亦兼具通俗文藝與學術價值，以達到雅俗共賞、三根普被的效果，所以每册書均以題解、源流、解說等章節，闡述經文的時代背景、影響價值及在佛教歷史和思想演變上的地位角色。

茲值佛光山開山三十週年，諸方賢聖齊來慶祝，歷經五載、集二百餘人心血結晶的百餘册《中國佛教經典寶藏》也於此時隆重推出，可謂意義非凡，論其成就，則有四點成就可與大家共同分享：

一、佛教史上的開創之舉：民國以來的白話佛經翻譯雖然很多，但都是法師或居士個人的開示講稿或零星的研究心得，由於缺乏整體性的計劃，讀者也不易窺探佛法之堂奧。有鑑於此，《中國佛教經典寶藏》叢書突破窠臼，將古來經律論中之重要著作，作有系統的整理，為佛典翻譯史寫下新頁！

二、傑出學者的集體創作：《中國佛教經典寶藏》叢書結合中國大陸北京、南京各地名校的百位教授學者通力撰稿，其中博士學位者佔百分之八十，其他均擁有碩士學位，在當今出版界各種讀物中難得一見。

三、兩岸佛學的交流互動：《中國佛教經典寶藏》撰述大部份由大陸飽學能文之教授負責，並搜錄臺灣教界大德和居士們的論著，藉此銜接兩岸佛學，使有互動的因緣。編審部份則由臺灣和大陸學有專精之學者從事，不僅對中國大陸研究佛學風氣具有帶動啓發之作用，對於臺海兩岸佛學交流更是助益良多。

四、白話佛典的精華集粹：《中國佛教經典寶藏》將佛典裏具有思想性、啓發性、教育性、人間性的章節作重點式的集粹整理，有別於坊間一般「照本翻譯」的白話佛典，使讀者能充份享受「深入經藏，智慧如海」的法喜。

今《中國佛教經典寶藏》付梓在即，吾欣然爲之作序，並藉此感謝慈惠、依空等人百忙之中，指導編修；吉廣輿等人奔走兩岸，穿針引線；以及王志遠、賴永海等大陸教授的辛勤撰述；劉國香、陳慧劍等臺灣學者的周詳審核；滿濟、永應等「寶藏小組」人員的匯編印行。由於他們的同心協力，使得這項偉大的事業得以不負衆望，功竟圓成！

《中國佛教經典寶藏》雖說是大家精心擘劃、全力以赴的鉅作，但經義深邈，實難盡備；法海浩瀚，亦恐有遺珠之憾；加以時代之動亂，文化之激盪，學者教授於契合佛心，或有差距之處。凡此失漏必然甚多，星雲謹以愚誠，祈求諸方大德不吝指正，是所至禱。

一九九六年五月十六日於佛光山

編序

敲門處處有人應

《中國佛教經典寶藏》是佛光山繼《佛光大藏經》之後，推展人間佛教的百冊叢書，以將傳統《大藏經》菁華化、白話化、現代化爲宗旨，力求佛經寶藏再現今世，以通俗親切的面貌，溫渥現代人的心靈。

佛光山開山三十年以來，家師星雲上人致力推展人間佛教不遺餘力，各種文化、教育事業蓬勃創辦，全世界弘法度化之道場應機興建，蔚爲中國現代佛教之新氣象。這一套白話菁華大藏經，亦是大師弘教傳法的深心悲願之一。從開始構想、擘劃到廣州會議落實，無不出自大師高瞻遠矚之眼光；從逐年組稿到編輯出版，幸賴大師無限關注支持，乃有這一套現代白話之大藏經問世。

這是一套多層次、多角度、全方位反映傳統佛教文化的叢書，取其菁華，捨其艱澀，希望既能將《大藏經》深睿的奧義妙法再現今世，也能爲現代人提供學佛求法的方便舟筏。我們祈望《中國佛教經典寶藏》具有四種功用：

一、是傳統佛典的菁華書——中國佛教典籍汗牛充棟，一套《大藏經》就有九千餘卷，窮年皓首都研讀不完，無從賑濟現代人的枯槁心靈。《寶藏》希望是一滴濃縮的法水，既不失《大藏經》的法味，又能有稍浸即潤的方便，所以選擇了取精用弘的摘引方式，以捨棄龐雜的枝節。由於執筆學者各有不同的取捨角度，其間難免有所缺失，謹請十方仁者鑒諒。

二、是深入淺出的工具書——現代人離古愈遠，愈缺乏解讀古籍的能力，往往視《大藏經》爲艱澀難懂之天書，明知其中有汪洋浩瀚之生命智慧，亦只能望洋興歎，欲渡無舟。《寶藏》希望是一艘現代化的舟筏，以通俗淺顯的白話文字，提供讀者遨遊佛法義海的工具。應邀執筆的學者雖然多具佛學素養，但大陸對白話寫作之領會角度不同，表達方式與臺灣有相當差距，造成編寫過程中對深厚佛學素養與流暢白話語言不易兼顧的困擾，兩全爲難。

三、是學佛入門的指引書——佛教經典有八萬四千法門，門門可以深入，門門是無限寬廣的證悟途徑，可惜缺乏大衆化的入門導覽，不易尋覓捷徑。《寶藏》希望是一支指引方向的路標，協助十方大衆深入經藏，從先賢的智慧中汲取養分，成就無上的人生福澤。然而大陸佛教於「文化大革命」中斷了數十年，迄今未完全擺脫馬列主義之教條框框，《寶藏》在兩岸解禁前即已開展，時勢與環境尚有諸多禁忌，五年來雖然排除萬難，學者對部份教理之闡發仍有不同之認知角度，不易滌除積習，若有未盡中肯之辭，則是編者無奈之咎，至誠祈望碩學大德不吝垂教。

四、是解深入密的參考書——佛陀遺教不僅是亞洲人民的精神皈依，也是世界衆生的心靈寶藏，可惜經文古奧，缺乏現代化傳播，一旦龐大經藏淪爲學術研究之訓詁工具，佛教如何能紮根於民間？如何普濟僧俗兩衆？我們希望《寶藏》是百粒芥子，稍稍顯現一些須彌山的法相，使讀者由淺入深，略窺三昧法要。各書對經藏之解讀詮釋角度或有不足，我們開拓白話經藏的心意卻是虔誠的，若能引領讀者進一步深研三藏教理，則是我們的衷心微願。

在《寶藏》漫長五年的工作過程中，大師發了兩個大願力——一是將文革浩刼斷滅將盡的中國佛教命脈喚醒復甦，一是全力扶持大陸殘存的老、中、青三代佛教學者之生活生機。大師護持中國佛教法脈與種子的深心悲願，印證在《寶藏》五年艱苦歲月和近百位學者身上，是《寶藏》的一個殊勝意義。

謹呈獻這百餘冊《中國佛教經典寶藏》爲　師父上人七十祝壽，亦爲佛光山開山三十週年之紀念。至誠感謝三寶加被、龍天護持，成就了這一椿微妙功德，惟願《寶藏》的功德法水長流五大洲，讓先賢的生命智慧處處敲門有人應，普濟世界人民衆生！

目錄

題解

本經名般舟三昧經

般舟三昧，梵語爲Pratyutpanna-samādhi，漢譯名「佛立」，指修般舟三昧之行者即可見諸佛現於眼前；又譯作「常行道」，指修此定者，於七日至九十日內常行不休息，除用食之外，均須經行，步步聲聲，念念唯在阿彌陀佛。梵語三昧，或作三摩地，漢譯爲「定」、「正受」、「正定」、「等持」、「等念」、「調直定」、「正心行處」、「息慮凝心」、「現法樂住」。合譯爲《十方現在佛悉在前立定經》。這是從本經所修法門立名的。

本經又名《拔陂菩薩經》，這是從經中請佛陀說法的拔陂菩薩而立名的。拔陂Bhadrapāla又音譯作拔波、跋陀和、跋陀婆羅、跋陀羅波梨、婆陀和、跋陀和羅，意譯爲賢護、賢守、仁賢、善守，是王舍城中一在家菩薩。他是一個最大富商主長者之子，其所受之諸樂果報，爲忉利帝釋天王所不及。先於威音王佛聞法出家，在浴僧時，隨例入室，忽然領悟到水的本性，「既不洗塵，亦不洗體，中間安然，得無所有，宿習無忘」，後隨佛出家，妙觸宣明，成佛子住，佛問圓通。❶至今禪院浴室均安置賢護菩薩像。賢護菩薩居王舍城，為白衣菩薩首座。佛在王舍城欲說般若波羅蜜，最在前說，賢護菩薩隨後說其學佛的種種功德。正如《般舟三昧經》中佛自現前，讚其功德一樣，此經在佛滅後五百年之末一百歲中，於閻浮提流行；當時諸國正相互侵伐，說明此經出現決非偶然，實有其殊勝因緣；亦可見此經大約在公元前後一世紀左右編纂。❷

本經之品目

本經現存四種譯本中，《般舟三昧經》三卷本列十六品（即問事、行、四事、譬喻、無著、四輩、授決、擁護、羼羅耶佛、請佛、無想、十八不共十種力、勸助、師子意佛、至誠佛和佛印品）；《佛說般舟三昧經》則分八品，與上經一、二、三、四、六、八、十三、十五品名相同；而《大方等大集經賢護分》分十七品，幾乎與上二種名稱全不相同（即思惟、三昧行、見佛、正信、受持、觀察、戒行具足、稱讚功德、饒益、具五法、授記、甚深、現前三昧十法、不共功德、隨喜功德、覺悟、囑累）；至於《跋陂菩薩經》則不分品目，且僅至《賢護》第四正信品而止。

本經流傳情況

據《開元錄》載，本經流傳東土，前後有七個譯本，其中四個是全譯本，三個是選譯本。

第一譯本，名《般舟三昧經》（又名《大般舟三昧經》、《十方現在佛悉在前立定經》）。三卷（或作二卷）。後漢靈帝光和二年（公元一七九年）十月八日譯。月支國沙門支婁迦讖（即支讖）譯於洛陽，河南清信士孟福張蓮等筆受。（今存）

第二譯，名《般舟三昧經》（又稱《大般舟三昧經》）。二卷（或作一卷）。後漢靈帝光和中（公元一六八——一八九年），由天竺沙門佛朔譯於洛陽。《歷代三寶紀》說：「後光和中，更譯《般舟》，讖爲傳語，孟福張蓮等筆受，文少勝前。」（今佚）

第三譯，名《般舟三昧經》。一卷。後漢時月支國沙門支婁迦讖譯。《開元錄》說：「是後十品重翻。」（今佚）

第四譯，名《般舟三昧念佛章經》。一卷。後漢時佚名譯。《開元錄》說：「是

〈行品〉別翻。」（今佚）

第五譯，名《拔陂菩薩經》（又名《拔波菩薩經》）。一卷，後漢佚名譯。但宋本、明本都說是支婁迦讖譯。此爲本經最早之譯本（見《佛光大辭典》）。《開元錄》云：「是初四品異譯。」（今存）《頻伽藏》、《大正藏》中《拔陂菩薩經》一卷，失譯者名，但注中說：「《僧祐錄》云：安公古典是《般舟三昧經》初異譯。」與《開元錄》之說不同。

第六譯，名《般舟三昧經》。二卷。西晉武帝泰始二年（公元二六六年）至愍帝建興元年間月支國沙門曇摩羅察（法護）譯。（今佚）

第七譯，名《大方等大集賢護經》（又稱《賢護經》，或《賢護菩薩經》、《大方等大集經賢護分》、《大集賢護菩薩經》）。五卷（或作六卷）。隋文帝開皇十四年十二月至次年二月（公元五九四——五九五年）北天竺犍達國三藏法師闍那崛多（至德、佛德）譯，沙門明芬等筆受。（《歷代三寶紀》作朗芥等筆受，當爲形近而誤）。（今存）

以上多依據《開元錄》。此外，《歷代三寶紀》所載失譯經中附於東晉錄的，有

《般舟三昧念佛章經》，係本經之異譯，而爲《開元錄》所未見。這樣，本經流傳前後，至少有八種譯本，而現存於《頻伽藏》、《大正藏》中，則有《賢護》、《佛說般舟》（一卷）、《般舟》（三卷）、《跋陂》四種。其餘四種今佚。

本經現存四種譯本，以《跋陂》爲最早；《賢護》爲最精詳（卷帙較繁，文義亦稱美瞻，但其出較晚，在天臺智者入寂前三年，即公元五九四年譯出。其出既在慧遠法師入寂後一百八十年，故蓮宗所依，絕非此本，臺宗所依亦非此本）；唯支婁迦讖之三卷本《般舟》最有價值。故本書據《般舟》分析其內容，而參考《賢護》等諸本進行注釋。

注釋：

❶見唐中天竺沙門般剌蜜帝譯《大佛頂首楞嚴經》卷五。參朱印清《大佛頂首楞嚴經易讀》卷五第十三頁。

❷參慈怡主編《佛光大辭典》，書目文獻出版社版，第五冊第四三〇一頁。

經
典

1 卷上

這是一部專門講一心念佛，即能使十方諸佛現在眼前的法門的經典。由東漢時代月氏國的支婁迦讖大法師翻譯而成。

這部經分上、中、下三卷。卷上包括四品。

問事品第一——向佛請教一切佛現前法門問題

佛與五百阿羅漢

釋迦牟尼佛在王舍城的迦蘭陀竹園時，有五百位大比丘都證得聲聞乘的最高果位阿羅漢果，獨有阿難未得阿羅漢果。

四衆弟子雲集

這時，有一位菩薩，名叫賢護，和五百菩薩一道都持守五戒。日暮時，他來到佛說法之處，向佛頂禮膜拜，在旁邊就座。其他五百位出家人也來到佛的面前，向佛頂禮，在旁邊就座。

這時，佛身上放射出威力巨大的神奇光芒，許多在遠方的出家人見了，都沒有不來的。一時間，有十萬出家人，都相隨來到佛的面前，向佛頂禮，在旁邊就座。佛身上又一次發出威力無比的神奇光芒。於是，波和提大比丘尼和三萬尼衆相繼來到佛面前，向佛作禮，然後在旁邊就座。不久，佛再一次發出威力無窮的神奇光芒，羅憐那竭菩薩從舍衛墮梨大國出發，橋日兜菩薩從占波大國出發，那羅達菩薩從彼羅斯大國出發，須深菩薩從加羅衛大國出發，摩訶須薩和菩薩同阿難邠坻迦羅越都從舍衛大國出發，因坻達菩薩從鳩睒彌大國出發，和輪調菩薩從沙祇大國出發。這些菩薩各同二萬八千人一起，相繼來到佛面前，向佛頂禮，在一旁就座。王舍城的阿闍世王也和十萬人一起，來到佛面前，向佛頂禮，在一旁就座。四天王、帝釋天、大梵天、色究竟天，都與若干億億百千天子一起來到佛面前，向佛作禮，在一旁就座。難頭和難龍王、沙竭龍王、摩難斯龍王、阿耨達龍王都和若干龍王億億百千萬一起，來到佛面前，向佛頂禮，在一旁就座。四面阿修羅王也各與億億百千萬的人民一起，來到佛面前，頂禮膜拜，在一旁就座。

這時，出家、在家的男女四衆、諸天、龍王、諸阿修羅人民、諸夜叉、諸迦樓羅、諸緊那羅、諸摩睺勒、鬼神、諸人非人等等，參加法會者不可勝數。

賢護菩薩向佛請教

賢護菩薩從座位上站起來，整理一下衣服，叉著手恭敬地長時間地下跪，跟佛陀說：「天上天下最尊貴的佛，我想請教一個問題，想從您這兒得到指點。您如果能聽我說的話，我就開始提問。」佛告訴賢護菩薩：「你想有所遵循的話，請說，我爲你解答。」賢護菩薩問佛說：「菩薩應當修什麼三昧？所得的智慧，好比大海深，須彌山高，聽到什麼都能有正確的答案，毫不懷疑。不失爲道德高尚之人，終當成佛，毫不退轉。脫離了愚昧無明，能明瞭過去、現在的因果，預見將來。不管是平時還是睡夢之中，都與佛寸步不離。能面貌端正，形體出衆，美妙無比。小時候常在尊貴的大姓人家中生活，父母兄弟親戚朋友老師們都喜歡他。有淵博的知識，卓越的才能，言行超群出衆。自覺遵守戒律，常常自責自律，毫不自高自大。能慈悲、哀憫衆生，開通豁達，聰明智慧，無與倫比。有無比神奇的威力，勤奮精進，他人所不及。對於佛法經藏刻苦鑽研，沒有什麼地方不明瞭的。時時入於禪定空寂的境界，充滿法樂，沒有什麼妄想、執著。對於禪定空寂沒有畏懼的感覺，經常為別人講解經義，隨時隨地都能護衛佛法。在自己的欲望產生時，都能自我約束，檢點自己的行為，不違背自己的信仰，不違背自己的本願功德。所到之處，雖然身體強健，但對佛法有深深的喜愛力，能有信仰、精進、正念、禪定、智慧的力量，無論是自己的志向、念頭還是觀察、信仰、願力，都能心明眼亮。儘管所遇到的問題如大海，無窮無盡；也能如一輪圓月遍照，無不明白；如曙光遍照大地，似火炬映照，無所罣礙。能一切都不執著於心，如行於廣闊的天空，無所停留；如銳利的金鋼鑽，無所不入；在外界無所不入的境遇面前，心安如須彌山，紋絲不動；又如門檻一樣，堅定不移。對於柔軟、舒適的東西，如絨毛之類，也絲毫不羨慕，卻樂於在僻靜荒涼的山川中，像飛禽走獸一樣生活，自甘清苦，不與世俗同流。

「遇到出家的善知識，則洗耳恭聽，聆聽教誨，悉心照護。遇到別人對自己輕視怠慢，也不生厭惡、憤恨之心。不管什麼樣的惡魔來，都無動於衷。對於佛教經藏，能深入領會，吸取智慧，不被妄爲人師者所迷惑，也不畏強力，哪怕是王者強加的脅迫所動搖。對於自己的行爲，時常應當抱行無所行的態度，以寬柔之心對待。時常懷著一片悲心，事奉一切佛，沒有絲毫的厭煩。所做的種種功德，都能做到做好，言必信，行必果，有條不紊。行爲光明磊落，臨事能速決速斷，沒有什麼爲難之處。心常清淨，智慧聰明，行於安樂之中，沒有種種煩惱。一舉一動，都能追求成佛的境界，對於所生活的國土，能努力建設，使之更加莊嚴。保持戒律的清淨，對於聲聞乘的最高果位阿羅漢和緣覺乘的辟支佛，都不滿足，而是向究竟解脫的菩薩乘努力，求高尚的功德。教導衆人也是這樣，能誨人不倦，普度衆生，沒有窮盡，這是一切外道所無法比擬的。能與佛寸步不離，不見佛時，常念一切佛，就像想念自己的父母一樣；一旦稍微感悟到佛的神奇威力，念誦各種經典，就能看到一切佛站在面前，毫無障礙，就像魔術師變戲法一樣，說變就變，來無影，去無蹤。如果化作一念，就會覺得過去世、現世、來世如在夢中，自己也會分身到所有佛講法的地方去，就像一輪紅日高照，千江萬水都能看見一樣。所想念的一切，也和能發聲的東西與所發的聲音一樣，來也不來，去也不去。生與死，雖如形影一樣，難捨難分，然而一切念想與識知，歸根到底都是空的，對於諸法無所念想，沒有不信賴的。把一切都看做平等無有差別，從經義中都能知道。對於一切諸佛國，心都無所執著，無所著故無所念，出入諸佛國亦無妨礙。能出入一切有非凡記憶力的總持門，對於諸經聞一知萬，一切佛所說的法門都能通達受持，得到一切佛神力的加持，獲得佛神妙的威力，勇猛精進，沒有困難，行動像獅子一樣勇猛無畏。

「對於各國所用的不同語言，聽聞後都能記憶不忘，對一切佛所說法門，都能知曉，沒有經本時也不恐慌。想得什麼經，自己便能說，如同諸佛所說一樣無所厭倦，能成為世人的老師，成為衆人的依歸。其行動大方寬厚，沒有諂媚虛假之處。一切佛剎如慧日高照一樣明朗，不陷於我慢、五欲、邪見三種偏頗之人的包圍之中，所有的行為都能無障礙。在凡俗之輩中無所適意，在清淨道場中無所欽慕，持無上智慧，教人入於佛道之中，毫無恐懼、害怕之感。對於佛經的出處都能知道，使參加法會的大衆都能獲得利益，見到佛的大慈悲而心生歡喜。對於所學的佛經都能曉，並獲得利益，在大衆中無所畏懼，有超越衆人的名聲，遠近聞名，種種疑難問題沒有得不到解答的。對於佛經極為尊重，在講經的獅子座上安坐自如。對於佛教，能通曉佛的千萬種語言，能熟悉佛的萬億種聲音。能十分愛惜各種經藏典籍，時常念誦，左右不離於佛的慈悲，樂於奉行佛法。常跟隨佛出入，常在善知識身邊，沒有一點厭倦的樣子。於十方諸佛國土，都能不執著，行止隨自己的意願。對於四面八方來的千萬信衆，樂於引度，使他們獲得智慧珍寶，深入經藏，身如處於虛空之中無有妄想。教人尊奉菩薩道，使佛種不斷絕，而且能實行菩薩道，不離開大乘佛法。能夠得到菩薩四弘誓極曠大道，疾得一切智，受到十方諸佛的稱譽。能親近具有佛的十種非凡智力的尊嚴道場，一切念想都專注其中，對一切打算、世間種種變化、事情的成功、失敗、產生、滅亡都能知曉。能進入經海，探取佛寶藏，把所獲得的寶藏都布施給衆人。在一切佛刹中許下大願，也不停留於此，而是像佛那樣樂於將種種宏願付之實行，心中稍一思念，一切佛都現在面前。一切剛才還沒實現的願望，剛才還沒有發生的東西，十方諸佛國都現在面前，能聽到佛所說的經文，看到許多佛和出家大德。這時不再持仙道以及聲聞乘的最高果位阿羅漢和緣覺乘的辟支佛的觀點，也不於此間命終，轉生彼佛刹才得見，當下於此間坐，即可悉見一切佛，聽聞一切佛所說經，都能信守奉行。譬如我現在佛的面前，當面見到佛菩薩，從未離開佛，無時不在聽佛講經一樣。」

佛陀告訴賢護菩薩：「好啊！好極了！你這樣提問題，對於普度世間人，使億千萬人們安穩地在天上天下生活有大利益。你能這樣請教佛，是你前世過去佛時，聽聞佛法、作種種功德、供養佛的結果，也是你樂於佛法、信守奉行、嚴持戒律的結果。自覺持戒守法，行爲就淸白，心中坦然，不煩躁，沿門乞食，供養諸菩薩，教導諸菩薩，成就諸菩薩，諸菩薩因此而發大慈悲。諸衆生皆於平等心，什麼時候想見佛，就能見到佛，發宏大誓願行深妙之行，樂念諸佛菩提智慧，奉持經戒，悉具足佛種性。心像金剛一樣堅定，對世間人的所思所想，都能現在諸佛面前。」

佛告訴賢護菩薩：「你這樣做，眞是功德無量。」佛說：「今有十方佛都現在面前法門。如能奉行這個法門的話，一切疑問都能得到圓滿的答案。」

賢護菩薩對佛陀說：「請佛慈悲開示。像佛剛才所說的法門，的確能使世人多獲得利益，多受安樂。願我佛更爲諸菩薩放大光明，用大威力加持他們。」

佛告訴賢護菩薩說：「這一法門應常受持，應遵守奉行。修持這一法門，是一切功德中最大的功德，其餘外道的說法不去理它。這個無上法門，就叫做念一切佛都現在前法門。」

原典

般舟三昧經❶

佛在羅閱祇摩訶桓迦憐❷。摩訶比丘僧五百人皆得阿羅漢，獨阿難❸未。

爾時，有菩薩名跋陀和❹，與五百菩薩俱皆持五戒。晡時，至佛所前，以頭面著佛足，卻坐一面。並與五百沙門俱至佛所前，爲佛作禮，卻坐一面。

時，佛放威神，諸比丘所在遠方無不來者。即時十萬比丘俱相隨來會佛所前，爲佛作禮，卻坐一面。佛復放威神，摩訶波和提比丘尼與三萬比丘尼俱相隨至佛所前，爲佛作禮，卻坐一面。佛復放威神，羅憐那竭菩薩從舍衛墮梨大國出，橋日兜菩薩從占波大國出，那羅達菩薩從彼羅斯大國出，須深菩薩從加羅衛大國出，摩訶須薩和菩薩與阿難邠坻迦羅越俱從舍衛大國出，因坻達菩薩從鳩睒彌大國出，和輪調菩薩從沙祇大國出。一一菩薩各與二萬八千人俱來到佛所前，爲佛作禮，皆卻坐一面。羅閱祇王阿闍世與十萬人俱來到佛所前，爲佛作禮，卻坐一面。四天王、釋提桓因、梵三鉢、摩夷亙天、阿迦貳吒天，各各與若干億億百千天子俱來到佛所前，爲佛作禮，卻住一面。難頭和難龍王、沙竭龍王、摩難斯龍王、阿耨達龍王，各各與若干龍王億億百千萬俱來到佛所前，爲佛作禮，卻住一面。四面阿須倫王，各與若干阿羞倫❺民億億百千萬俱來到佛所前，爲佛作禮，卻住一面。

時，諸比丘、比丘尼、優婆塞、優婆夷、諸天、諸龍、諸阿羞倫民、諸閱叉鬼神、諸迦樓羅鬼神、諸甄多羅鬼神、諸摩睺勒鬼神、諸人非人❻，無央數都不可計。

跋陀和菩薩從坐起，正衣服，叉手長跪，白佛言：「願欲有所問。既問者，欲有所因故。天中天❼聽我言者，今當問佛。」佛告跋陀和：「菩薩所因故者便問，佛當爲若說之。」

跋陀和菩薩問佛言：「菩薩當作何等三昧？所得智慧如大海，如須彌山，〔博達衆智〕所聞（者）〔悉解而〕❽不疑。終不失人中之將❾，自致成佛終不還。終不生愚痴之處，豫知去來之事。未曾離佛時，若於夢中亦不離佛。端正姝好，於衆中顏色無比。少小常在尊貴大姓家生，若其父母兄弟宗親知識，無不敬愛者。高才廣博，所議作者，與衆絕異。自守節度，常內慚色，終不自大。常有慈哀，智慮通達，於智中明，無有與等者。威神無比，精進難及。入諸經中，多入諸經中，諸經中無不解。安樂入禪入定入空，無想無所著。於是三事⑩中不恐，多爲人說經，便隨護之。在所欲生，何所自恣⑪，無異本功德力、所信力。多所至到處，其筋力⑫強，無不欲愛力，無不有根力⑬，明於所向力，明於所念力，明於所視力，明於所信力，明於所願力。在所問如大海，無有減盡時；如月盛滿時，悉遍照，無有不感明者；如日初出時，如炬火在所照，無所罣礙。不著心，如虛空無所止；如金鋼鑽無所不入；安如須彌山不可動；如門閫正住堅心⑭。軟如鵠毛，無有粗爽，身無所慕，樂於山川如野獸，常自守，不與人從事。

「若沙門道人，多所教授皆護視。若有輕嬈者，終無瞋恚心⑮。一切諸魔不能動。解於諸經，入諸慧中，學諸佛法，無有能爲作師者，威力聖意，無有能動搖者。深入之行，常隨無所行，常柔軟。於經中常悲，承事於諸佛無有厭。所行種種功德悉逮及，所行常至，所信常政，無有能亂者。所行常淨潔，臨事能決無有難。清淨於智慧悉明，得所樂行，盡於五蓋⑯。智慧所行，稍稍追成佛之境界，莊嚴諸國土。於戒中清淨，阿羅漢辟支佛心，所作爲者皆究竟，所作功德常在上首。教授人民亦然，於菩薩中所教授無有厭，當所作者度無有極，一切餘道無有能及者。未嘗離佛，不見佛，常念諸佛如父母無異；稍稍得諸佛威神，悉得諸經，明眼所視無所罣礙，諸佛悉在前立，譬如幻師自在所化作諸法，不豫計念便成法，亦無所從來，亦無所從去。如化作念，過去當來今現在如夢中，所有分身悉遍至諸佛剎，如日照水中，影悉遍見。所念悉得如嚮，亦不來，亦不去。生死如影之分，便所想識如空，於法中無想，莫不歸仰者。一切平等無有異，於經中悉知。心不可計一切諸剎，心不著無所適念，出於諸佛剎，無所復罣礙。悉入諸陀憐尼門⑰，於諸經中聞一知萬，諸佛所說經悉能受持，侍諸佛悉得諸佛力，悉得佛威神，勇猛無所難，行步如猛師子無所畏。

「於諸國土無不用言者，所聞者未曾有忘時，一切諸佛之議等無有異，悉了知，本無經不恐。欲得諸經，便自知說，如諸佛終無厭，爲世間人之師，無不依附者。其行方幅⑱，無有諂僞。諸剎照明朗，不著於三處⑲，所行無所罣礙。於衆輩中無所適，於本際法中無所慕，持薩芸若⑳，教人入佛道中，未曾恐怖，無有畏懼時。悉曉知佛諸經所有卷所在，衆會中無不蒙福者，見佛極大慈歡喜。所學諸佛經通利，於大衆中無所畏，於大衆中無有能過者，名聲極遠，破壞諸疑難無不解。於經中極尊，於師子座上坐自在。如諸佛法教，悉曉知佛萬種語，悉入萬億音。愛重諸佛經，常念在左右側，未曾離於諸佛慈，於佛經中樂行。常隨佛出入，常在善知識邊無有厭極時。於十方諸佛剎，無所適止，悉逮得願行。度脫十方萬民，智慧珍寶，悉逮得經藏，身如虛空無有想。教人求菩薩道，使佛種不斷，行菩薩道未曾離摩訶衍。逮得摩訶僧那僧涅極曠大道，疾逮得一切智，諸佛皆稱譽。近佛十力地[21]，一切所想悉入中，一切所計悉了知，世間之變悉曉知，成敗之事、生者、滅者悉曉知。入經海寶，開第一之藏悉布施。悉於諸剎行願亦不在中止，極大變化如佛所樂行，心一反念，佛悉在前立。一切適不復願，適無所生處，十方不可計佛剎悉見，聞諸佛所說經，一一佛比丘僧悉見。是時不持仙道、羅漢、辟支佛眼視[22]，不於是間終，生彼間佛剎爾乃見，便於是間坐，悉見諸佛，悉聞諸佛所說經，悉皆受。譬如我今於佛前，面見佛菩薩，如是未曾離佛，未曾不聞經。」

佛告跋陀和菩薩：「善哉！善哉！所問者多所度脫，多所安穩，於世間人民不可復計，天上天下悉安之。今若能問佛如是，若乃前世過去佛時，所聞地行作功德所致，供養若干佛以所致，樂於經中所致，作道行守禁戒所致。自守法行，清白不煩濁，輒以乞丐自食，多成就諸菩薩，合會教語諸菩薩㉓，用是故極大慈哀。一切人民皆於等心，隨時欲見佛即見佛，所願極廣大甚深之行，常念佛智慧，悉持經戒，悉具足佛種。聖心如金剛，悉知世間人民心所念，悉在諸佛前。」

佛告跋陀和菩薩：「若功德以不可復計。」佛言：「今現在佛悉在前立三昧。其有行是三昧，若所問者悉可得。」

跋陀和菩薩白佛言：「願佛哀說之。今佛說者，多所過度，多所安隱，願佛爲諸菩薩現大光明。」

佛告跋陀和菩薩：「一法行，常當習持，常當守，不復隨餘法，諸功德中最第一。何等爲第一法行？是三昧名現在佛悉在前立三昧。」

注釋

❶**般舟三昧經**：原注「一名《十方現在佛悉在前立定經》」。《般舟三昧經》，又名《佛立三昧》；修此三昧而得成就之人，能見十方諸佛立於面前。其修行時，不坐不臥，從早到晚，又由晚到天亮，不是走，就是立，以七天或九十天爲一期，專念

阿彌陀佛的名號。中國淨土宗即修持此法門。

❷**羅閱祇摩訶桓迦憐**：羅閱祇即王舍城，摩訶桓迦憐（又譯迦鄰），即迦蘭陀竹園。

❸**阿難**：阿難陀之略稱，今譯爲歡喜、慶喜；斛飯王之子，提婆達多之弟，佛之從弟，十大弟子之一，稱多聞第一。生於佛成道之夜。佛壽五十五歲，阿難二十五歲時出家，從侍佛二十五年，受持一切佛法。

❹**跋陀和**：即賢護，爲本經中聽佛説法的八大菩薩之上首。這八大菩薩，隋天竺三藏闍那崛多異譯的《大方等大集經賢護分》（以下簡稱《賢護》）譯作：賢護菩薩、寶生離車子、星藏、仁童子那羅達多、善商主長者、水天長者、給孤獨長者、阿闍王等。

❺**阿須倫**、**阿羞倫**：即阿修羅，爲六道之一，八部衆之一，十界之一。阿修羅爲印度最古諸神之一。係屬於戰鬥一類之鬼神，經常被視爲惡神，而與帝釋天爭鬥不休，以致出現了修羅場、修羅戰等名詞。

❻**人非人**：指天龍八部中似人非人的鬼神。

❼**天中天**：佛之尊號。佛爲天之至極，故稱爲天中天。

❽「博達衆智」、「悉解而」，底本無此七字，今據《佛說般舟三昧經》補上。

❾**人中之將**：當指道德高尚之人，如千軍萬馬之將帥，故稱人中之將。

❿**三事**：當指入禪、入定、入空，與三昧義相近。

⓫**自恣**：指由衆人檢舉自己的過失，自己對比丘衆懺悔。佛制，僧衆於每年七月十五日結夏安居的最後一天，進行自我反省，又名隨意。

⓬**筋力**：當指身體強健、筋骨有力。

⓭**根力**：五根與五力。五根爲生聖道的根本，指信根、進根、念根、定根、慧根。五根堅固發生的力量叫五力，即信力、精進力、念力、定力、慧力，能破諸邪信、懈怠、邪念、散亂想、三界諸惑。

⓮**如門閫正住堅心**：閫原指門檻。這裏以門檻比喻正心而住，心不馳散，堅定不變。

⓯**瞋恚心**：怨恨無忍耐之心，爲三種使人煩惱的精神作用之一。

⓰**五蓋**：蓋爲煩惱之別名，五蓋即五種煩惱。指貪欲、瞋恚、睡眠、掉悔、疑法等五種能蓋覆人的心性，使人不生善法的煩惱。

⓱**陀憐尼門**：即陀羅尼，今譯作總持、能持、能遮，指全面保持善法，不使散亂忘記

，使惡法不起的一種特殊記憶力。分爲四：一、法陀羅尼；二、義陀羅尼；三、咒陀羅尼；四、忍陀羅尼。

⑱**方幅**：方者，方正；幅者，寬廣。意爲行爲端正、大方。

⑲**三處**：指執著於我慢、五欲、邪見之中的三種人，或指三界，即欲界、色界、無色界。本經採用前一種解釋。

⑳**薩芸若**：又作薩婆若、薩云然，意爲無上智慧，諸佛究竟圓滿之果位，即般若波羅蜜多之異名。

㉑**十力地**：佛所具有的十智力叫十力。佛十智力所依、所行、所攝之處即十力地。

㉒**不持仙道、羅漢、辟支佛眼視**：辟支佛具緣覺、獨覺二義。仙道，指於人中煉心，不修正覺，別得生理，號稱得壽千歲，休止深山、海島，絕於人境的修行者。這種人只能墮於輪迴妄想之中，流轉不息。羅漢，這裏指小乘佛教中獲得最高果位者。

㉓**合會敎語諸菩薩**：即善言教化人成爲菩薩。

行品第二——如何修持念一切佛立面前定

譯文

1 修定要發心向十方佛

佛告訴賢護菩薩：「如果有菩薩修十方諸佛都現在前法門，必須立定向十方諸佛的意向。立定意向，就能獲得菩薩的一切智慧。

2 精進念佛一心不亂

「什麼叫立定意向？就是從各自具體的因緣條件出發，念念向佛，心思不亂，爲求智慧，精進不捨，親近善知識，行爲無所執著；不貪睡眠，不相聚會，遠離惡友，親近善知識，心不散亂；飲食知足，不貪衣服，不吝惜自己的生命；獨身一人，避開親屬，遠離家鄉，修平等心、慈悲心，護念自己的正行，破除煩惱，修習禪定。不隨色界而轉移，不受外物的干擾，不參與減損自己道德的俗事，不執著沒有眞實自體的地、水、火、風，不爲不稱心的事感到煩惱，不沈溺於世間聲色之欲，從不淨的五濁之世得解脫；不背棄十方人，要普度十方人；十方人妄加推斷，此爲我所有，此非我所有，一切都能接受；不違禁戒，常習薰修五解脫法；常誦讀經文，不半途犯戒，不失禪定；對佛法堅信不疑，不諍論諸佛，不毀謗正法，不詆毀僧人；遠離妄語，遠離世間妄說之人，不喜好，不苟同，讚揚有道德之人的言行，對他們的愛語善行都願意聽聞，心生歡喜。深信因緣，明瞭畜生業因，遠離世間六味。修習五解脫法，爲除十惡，行十善；斷滅九種煩惱，行持八種精進，捐棄八種懈怠，常習八便，心常不離九想觀門，一心修習八大人覺；對於入禪定的法味，也不貪著，不驕傲自大；勤求佛法，殷重修行，不計年月；哀憐衆生，破除人我分別，離十方人，不產生與世俗同流合汚的念頭。不貪求長壽。觀察五蘊世間，一切皆空，不受外物的迷惑，不求有所造作，但求無爲。不貪生怕死，毫不執著。把一切五蘊世間都看做賊，把地、水、火、風的侵害看成蛇一樣毒；對六塵、六根的惑亂，也不予理會。久在欲界、色界、無色界，都覺不安隱，只有涅槃寂靜才安隱。對一切貪得無厭的欲望，無動於衷，樂於出家修佛，不在生死中輪迴，不與世人計較是非，見一切佛常立面前，觀一切身如幻夢，於佛法深信不疑，視過去、未來、現在世平等無差異。常常念想一切佛的功德，自覺歸依佛法，深入禪定，安詳自在。對佛身相，也不執著。一切法都平等，與世無所紛爭。所作所為，不相違背。通達十二因緣道理，在佛力加持下得度，入眞法界，見衆生界不生滅，自證無為，慧眼清淨。一切無二，菩提心沒有中邊的差別，一切諸佛本無差異。入於清淨無礙境地，菩提覺智自然覺曉。佛慧不是從別處得，遇善知識教導，與佛無異。一切在菩薩那裏都不相違背，即使一切魔軍也不能動搖。一切人如在鏡中才能見到自己的像，見一切佛也是這樣，要從自己的菩提心、菩薩行入手。這就是念一切佛現在面前的法門。」

佛陀說：「從自己的菩提心、菩薩行入手，想成就這種法門，就能獲得，就能看到一切佛站立面前。什麼原因能成就一切佛站立面前的法門呢？原因就在這裏。賢護菩薩，如果有四衆弟子奉持戒律清淨，獨自住在一個道場，一心想見西方阿彌陀佛，那麼他現在就應當這樣想：離這裏經過百千億萬佛國，有一個極樂世界，一位阿彌陀佛正在給衆多菩薩宣講佛經，一切行持常念阿彌陀佛聖號。」

佛告訴賢護菩薩：「譬如一個人睡夢之中，看到許多金銀珠寶，他的父母兄弟妻兒親戚朋友見了，都非常高興，無比開心。這個人夢中醒來和別人邊說邊流淚，好像夢中所看到的都是眞的一樣。賢護菩薩，如果出家人、在家信士聽聞西方極樂世界的阿彌陀佛，就應當常念阿彌陀佛，不得違反戒律，一心念佛，或一晝夜，或七天七夜，過七天以後，就能見到阿彌陀佛，即使醒時見不到，夢中也能見到。比如人夢中所見到的事，不知是白天還是晚上，也不知是在裏邊，還是外邊，不管是在幽冥黑暗之中也好，也不管是離遙遠的地方有多少障礙，都無妨礙。賢護菩薩，修一切佛站立面前法門，就應當這樣一心念佛觀想。這時，那許多佛國的大山像須彌山，山上的幽冥黑暗之處，都打開了，菩薩的眼睛也沒有受到什麼障礙，心也沒有什麼阻隔，也不用天眼就看得很清楚，也不用天耳也聽得很明白，也不用神足就走到佛國面前，不用透過此處命終，轉生彼佛刹才能見，當下於此處坐，即刻便可得見阿彌陀佛，親耳聽聞、受持佛法。從念一切佛站立面前的法門中，這一切都圓滿具足，你可以爲別人說這個法門。好比有一個人，聽說墮舍利國中，有個淫女人叫須門；還有人聽說一個淫女人叫阿凡和梨；還有人聽說有一個下賤女子叫優陂洹，這時各人都在思念所聽說的女人。他們都沒有見過這三個女人，聽人說後，就萌動了淫穢的念頭，睡夢中各人來到那個女人那裏。這時，三個人皆在王舍城，同時想，各人做夢都到那個淫女人住的房裏，跟她一起行淫。他們醒來，還在想這件事。」

佛告訴賢護菩薩說：「我舉這個例子告訴你，是要你從此事受到啓發，能給別人講經，使人了解這個智慧法門，毫不退轉，修得至高無上的正道，然後才能取得善覺這個佛號。於是，賢護，菩薩在他所住的地方，聽到阿彌陀佛的名號，而且不斷念這個佛號，憑著這個信念的力量，見到了阿彌陀佛。見阿彌陀佛後，問：『應當修持什麼法門，才能生在阿彌陀佛國？』這時，阿彌陀佛回答說：『想來我國的人，常常念我的名號，時時守護此念，不要停頓，這樣就能來生我國。』」

佛說：「這位菩薩修持這個法門，是肯定會往生阿彌陀佛國的！應當時時念想佛身，具足三十二種大人相，通體放光明，無比端正莊嚴，在出家人中說經，講述一切法本性不壞，也沒有使他變壞的東西。比如人們對感受、思想、行爲所產的生死、輪迴的神識、地水火風的自體、從世間到天上的大梵天的念想、知覺能力，都是本來不壞的，也沒有能使其變壞的。因此，人們能夠通過念佛得見佛立於前。這就是正念一切佛站立面前的法門。」

3入定要由佛弟子親證

佛告訴賢護：「菩薩在這個念佛立面前的法門中，誰能作證？我的大弟子迦葉、因坻達菩薩、須眞天子，及知道三昧的菩薩、修得三昧的菩薩，可以爲證。那麼又有什麼可以證明他們修得這一法門呢？這就是空定。」

佛告訴賢護菩薩：「在過去時，有佛世尊，名須波日。當時恰好有人在曠野山澤裏行走，路上又饑又渴，就在半途中昏昏睡去，夢中見到又香又美的飯菜、飲料，吃飽喝足後，一覺醒來，仍舊腹中空空。這個人因此悟出一個道理：世間一切都好像做夢一樣啊！」佛說：「這個人由於空想而入定，從而獲得無生而生的法樂，得到不退轉的覺悟。如此看來，賢護，不管是在家還是出家菩薩，聽說佛在哪兒，就應常常想到那兒見到佛，就向那個方向念佛禮拜佛，不應當念想面前有什麼實有的東西，也不存在歸我所有的東西。那麼，十方無數佛就會像你所念想那樣站在面前，淸淨端嚴，放大光明，如站立在珍寶石、淨琉璃之上一樣。再比如人們出國遠行，想念家裏的親屬財產，那人在夢中，回到故鄉，看至家屬親朋好友，高興地和他們交談，醒後把夢中見到的事，和朋友們說：『我回家了，親眼看到家屬親友啦！』」佛說：「菩薩也是這樣，他所向往的地方，聽到佛的名字，就常常面向這個地方，念想佛的名字，菩薩一定會見到佛，如拿著珍寶，站在琉璃光之中。再比如出家人觀想死人的骨頭現在面前，有看到青色的，有看到白色的，有看到紅色的，有看到黑色的。實際上，這些骨頭，沒有人拿來過，也沒有骨頭放在面前，也不知從何而來，是自己的意念所作的觀想的結果。

4 憑佛神力而見佛

「菩薩也是這樣，憑藉佛威神力量的加持，修行定門，想在什麼地方見到佛，就能見到。為什麼呢？是這樣，賢護，是佛的定力所成就的。靠佛力加持，修持禪定，有三方面：即靠佛的威神力、定力、本願功德力。憑這三方面神力的加持，就能見到佛。比如，賢護，年少的人，長得漂漂亮亮的，就好比用乾淨的油瓶裝上等麻油，好比乾淨的器皿裝清水，或者像剛磨好的鏡子、白璧無瑕的水精，你想看到自己的形象，就自己去照一照，立即現出自己的容貌來。這是爲什麼呢？賢護，痲油、水、鏡、水精映出的人影，是人自己去照呢，還是人影自己跑進去的呢？」

賢護說：「不是。佛陀，是所用的痲油、水精、水、鏡很潔淨的緣故，人影自然在上面顯現。人影既不是從這些東西中間跑出來，也不是從外面跑進去。」

佛說：「太好了！太好了！賢護，是這樣啊！賢護，本性淸淨的東西，想顯現佛，就能見佛。見到就問，問了就得到果報，見到佛，聽佛講經，就心生大歡喜。

5 修定中所見境界

「應當經常這樣念想：佛是從哪裏來的，我想到哪裏去？應這樣想：佛是無所從來而來，我也無所去而去。經常這樣想：欲界、色界、無想界三界都是心意識所作成的。我心想什麼就見什麼，心想佛，就見到佛。心就是佛，心就是如來，心就是我身。心能見佛，心也不能知道自己，心也不能見自心。說心是有意造作，就是愚癡；說心沒有什麼造作，是涅槃寂靜。一切諸法，沒有什麼可以津津樂道的，都是一心所作，都是空的。連這一心也是空的。賢護，菩薩在修定時見十方佛站立面前，就是這麼回事。」佛說後，隨即說了下面的偈頌：

心啊不知心，有心就不能現真心。
心中有想的念頭就是愚癡，沒有想才是涅槃寂靜。
這個法門對什麼都不執著，佛立面前在於念。
識得萬法皆是空，一切都應無想念。

原典

佛告跋陀和菩薩：「若有菩薩所念現在定意向十方佛，若有定意，一切得菩薩高行。

「何等爲定意？從念佛因緣，向佛念，意不亂；從得黠不捨精進❶，與善知識❷共行空；除睡眠，不聚會，避惡知識，近善知識，不亂精進；飯知足，不貪衣，不惜壽命；孑身避親屬，離鄉里；習等意，得悲意心，護行棄蓋習禪❸。不隨色，不受陰，不入衰❹，不念四大，不失意，不貪性，解不淨；不捨十方人，活十方人；十方人計爲是我所，十方人計爲非我所❺，一切欲受；不貿戒，習空行。欲諷經，不中犯戒，不失定意；不疑法，不諍佛，不卻法，不亂比丘僧；離妄語，助道德家，避癡人世間語，不喜不欲，聞道語，具欲聞亦喜；從因緣畜生生，不欲聞六味❻；習爲五習❼，爲離十惡，爲習十善，爲曉九惱❽，行八精進，捨八懈怠，爲習八便，爲習九思❾，八道❿家念；又不著禪聞，不貢高，棄自大；聽說法，欲聞經，欲行法，不隨歲計；不受身想，離十方人，不欲受；不貪壽；爲了陰，不隨惑，爲不隨所有求無爲。不欲生死，大畏生死，計陰如賊，計四大如蛇，十二衰計空⓫，久在三界不安隱，莫忘得無爲；不欲貪欲，願棄生死，不隨人諍，不欲墮生死，常立佛前，受身計如夢，以受信不復疑，意無有異，一切滅思想過去事、未來事、今現在事等意。常念諸佛功德，自歸爲依佛，定意得自在，不隨佛身相法，一切一計不與天下諍，所作不諍，從因緣生受了，從佛地度得可法，中法中得下，以了空意計人，亦不有亦不滅，自證無爲，黠眼以淨，一切不二，覺意不在中邊，一切佛爲一念人，無有疑黠，無有能呵，自得曉覺意故。佛黠不從他人待，得善知識計如佛，無有異意。一切在菩薩無有離時，縱一切魔不能動。一切人如鏡中像，見一切佛如畫，一切從法行，爲入清淨菩薩行，如是。」

佛言：「持是行法故，致三昧便得三昧，現在諸佛悉在前立。何因致現在諸佛悉在前立三昧？如是，跋陀和，其有比丘、比丘尼、優婆塞、優婆夷持戒完具，獨一處止，心念西方阿彌陀佛，今現在隨所聞當念：去是間千億萬佛刹，其國名須摩提⑫，在衆菩薩中央說經，一切常念阿彌陀佛。」

佛告跋陀和：「譬如人臥出於夢中，見所有金銀珍寶，父母兄弟妻子親屬知識，相與娛樂，喜樂無輩；其覺以爲人說之，後自淚出，念夢中所見。如是跋陀和菩薩，若沙門白衣，所聞西方阿彌陀佛刹，當念彼方佛，不得缺戒⑬，一心念，若一晝夜，若七日七夜，過七日以後，見阿彌陀佛，於覺不見，於夢中見之。譬如人夢中所見，不知晝不知夜，亦不知內不知外，不用在冥中故不見，不用有所弊礙故不見。如是，跋陀和菩薩，心當作是念時，諸佛國界名大山須彌山，其有幽冥之處悉爲開闢，目亦不弊，心亦不礙。是菩薩摩訶薩，不持天眼⑭徹視，不持天耳⑮徹聽，不持神足⑯到其佛刹，不於是間終，生彼間佛刹乃見，便於是間坐，見阿彌陀佛，聞所說經悉受得。從三昧中悉能具足，爲人說之。譬若有人，聞墮舍利國中，有淫女人名須門；若復有人，聞淫女阿凡和梨；若復有人，聞優陂洹作淫女人，是時各各思念之。其人未曾見此三女人，聞之淫意即爲動，便於夢中各往到其所。是時三人皆在羅閱祇國，同時念，各於夢中到是淫女人所，與共棲宿。其覺已，各自念之。」

佛告跋陀和：「我持三人以付，若持是事爲人說經，使解此慧至不退轉地，得無上正眞道，然後得佛號曰善覺。如是，跋陀和，菩薩於是間國土，聞阿彌陀佛，數數念，用是念故，見阿彌陀佛。見佛已，從問：『當持何等法，生阿彌陀佛國？』爾時，阿彌陀佛語是菩薩言：『欲來生我國者，常念我數數，常當守念，莫有休息，如是得來生我國。』」

佛言：「是菩薩用是念佛故，當得生阿彌陀佛國。常當念如是佛身，有三十二相⑰悉具足，光明徹照，端正無比，在比丘僧中說經，說經不壞敗色。何等爲不壞敗色？痛癢、思想、生死、識魂神，地水火風，世間天上，上至梵摩訶梵⑱，不壞敗色。用念佛故得空三昧，如是爲念佛。」

佛告跋陀和：「菩薩於三昧中誰當證者？我弟子摩訶迦葉⑲、因坻達菩薩⑳、須眞天子㉑，及時知是三昧者、有行得是三昧者，是爲證。何等爲證？證是三昧知爲空定。」

佛告跋陀和：「乃往去時有佛，名須波日。時有人行出入大空澤中，不得飲食，饑渴而臥，出便於夢中得香甘美食，飲食已，其覺腹中空，自念一切所有皆如夢耶。」佛言：「其人用念空故，便逮得無所從生法樂，即逮得阿惟越致。如是跋陀和，菩薩其所向方，聞現在佛，常念所向方欲見佛，即念佛不當念有，亦無我所；立如想空當念佛，立如以珍寶倚琉璃上，菩薩如是見十方無央數佛清淨。譬如人遠出到他郡國，念本鄉里家室親屬財產，其人於夢中，歸到故鄉里，見家室親屬，喜共言語，於夢中見，以覺爲知識說之，我歸到故鄉里，見我家室親屬。」佛言：「菩薩如是，其所向方，聞佛名，常念所向方欲見佛。菩薩一切見佛，如持珍寶著琉璃上。譬如比丘觀死人骨著前，有觀青時，有觀白時，有觀赤時，有觀黑時，其骨無有持來者，亦無有是骨，亦無所從來，是意所作想有耳。

「菩薩如是持佛威神力，於三昧中立，在所欲見何方佛，欲見即見。何以故？如是跋陀和，是三昧佛力所成。持佛威神，於三昧中立者，有三事：持佛威神力，持佛三昧力，持本功德力。用是三事故，得見佛。譬若，跋陀和，年少之人，端正姝好莊嚴，已如持淨器盛好麻油，如持好器盛淨水，如新磨鏡，如無瑕水精，欲自見影，於是自照，悉自見影。云何？䟦陀和，其所麻油、水、鏡、水精，其人自照，寧有影從外入中不？」

䟦陀和言：「不也。天中天，用麻油、水精、水、鏡淨潔故，自見其影耳。其影亦不從中出，亦不從外入。」

佛言：「善哉！善哉！䟦陀和，如是！䟦陀和，色清淨，所有者清淨，欲見佛即見，見即問，問即報，聞經大歡喜。

「作是念：佛從何所來？我爲到何所？自念：佛無所從來，我亦無所至。自念三處：欲處、色處、無想處，是三處意所爲耳。我所念即見，心作佛，心自見。心是佛，心是怛薩阿竭㉒，心是我身。心見佛，心不自知心，心不自見心。心有想爲癡，心無想是泥洹㉓。是法無可樂者，皆念所爲，設使念爲空耳。設有念者，亦了無所有。如是䟦陀和，菩薩在三昧中立者，所見如是。」佛爾時頌偈曰：

心者不知心，有心不見心。
心起想則癡，無想是泥洹。
是法無堅固，常立在於念。

以解見空者，一切無想念。

注釋

❶**從得黠不捨精進**：黠，指超越的智慧。意爲從佛得到智慧，不忘努力精進於佛道。

❷**善知識**：指正直而有德行，能引導衆生捨惡修善、入佛道者。

❸**棄蓋習禪**：蓋指煩惱。意爲拋棄、滅除煩惱，習於禪定的境界。

❹「不入衰」，《賢護》譯作「不著諸入」。

❺**十方人計爲是我所，十方人計爲非我所**：計，計度，即以妄念而推度道理。意爲人們妄加推斷，此爲我所有，此非我所有。

❻**六味**：指苦、酸、甜、辛、鹹、淡等六種味道。

❼**五習**：煩惱之餘氣叫習氣，又叫五習，即五種煩惱，如貪、瞋、癡、慢、疑等。但《賢護》譯爲「五解脱法」更恰當，今從。

❽**九惱**：又名九難、九橫、九罪報。指佛現在所受的九種災難：一、受淫女孫陀利謗，五百羅漢亦被謗；二、受旃遮婆羅門女繫木盂作毀謗；三、提婆達多以石擊佛，

傷足大指；四、逆木刺脚；五、毘琉璃王興兵殺諸釋子，佛時頭痛；六、受阿耆達多婆羅門請而食馬麥；七、冷風凍故脊痛；八、六年苦行；九、入婆羅門聚落，乞食不得，空鉢而還。復有冬至前後，夜寒風破竹，索三衣禦寒，又復患熱，阿難在後扇佛，像這些世界小事，佛皆受之。

❾「九思」，《賢護》譯作「九想觀門」。

❿**八道**：大人八念、八生法。《賢護》譯作「八大人覺」，即菩薩爲入道者的八種教法，包括世間無常覺、多欲爲苦覺、心無厭足覺、懈怠墮落覺、愚癡生死覺、貧苦多怨覺、五欲過患覺、生死熾燃苦惱無量覺。

⓫**十二衰計空**：對我身有損減影響叫衰。十二衰當指六塵、六根等。全句意爲不爲六塵、六根所動。

⓬**須摩提**：意譯爲妙意好意，即西方極樂淨土。

⓭**缺戒**：指於戒有缺漏，沒有完全守戒。

⓮**天眼**：指爲色界天人因修禪定所得之眼，能看得很遠，內外晝夜上下皆悉能見。五眼之一。天眼分兩種：一從福報得來，如天人；一從苦修得來，如阿那律所得天眼

即是。

⑮**天耳**：指色界諸天所具有耳根。能聞人聲、非人聲、及遠近、粗細等一切音聲。

⑯**神足**：即神足通的簡稱。五通之一，又名神境智證通，或心如意通，即身如其意。隨念即至，可在一想念之間，十方無量國土都能一一到達，變化無窮。佛十大弟子中，目犍連就是得了這種圓滿神通而號稱神通第一的。

⑰**三十二相**：又名三十二大人相。一、足安平；二、足千輻輪；三、手指纖長；四、手足柔軟；五、手足縵網；六、足根圓滿；七、足趺高好；八、腨如鹿王；九、手長過膝；十、馬陰滿；十一、身縱廣；十二、毛孔青色；十三、身毛上靡；十四、身金光；十五、常光一丈；十六、皮膚細滑；十七、七處平滿；十八、兩腋滿；十九、身如師子；二十、身端正；二十一、肩圓滿；二十二、口四十齒；二十三、齒白齊滿；二十四、四牙白淨；二十五、頰車如師子；二十六、咽中津液得上味；二十七、廣長舌；二十八、梵音遠；二十九、眼色紺青；三十、睫如牛王；三十一、眉間白毫；三十二、頂成肉髻。

⑱**梵摩訶梵**：當即大梵天，爲色界之初禪天，離欲界之淫欲，寂靜清淨。

⑲**摩訶迦葉**：佛十大弟子之一。其父母禱於畢波羅樹神樹下而生，故名畢波羅；爲大富長者之子，能捨大財與大姓，修頭陀之大行爲第一，故稱頭陀第一。

⑳**因坻達菩薩**：因坻即天主。爲護持正法，擁護衆生的八大菩薩之一。《賢護》譯作「帝釋德菩薩」。

㉑「須眞天子」，竺法護譯《須眞天子經》有「須眞天子發三十三問，佛一一答之」的記載，又有《須眞天子與文殊菩薩之三十二問答》。又《賢護》譯作「善德天子」。

㉒**怛薩阿竭**：即如來，意爲諸佛乘如實道來成正覺，即完成修行、有理想人格的人。

㉓**心有想爲癡，心無想是泥洹**：《賢護》譯作「心有想念則成生死，心無想念即是涅槃」。泥洹，又作泥曰、涅槃、般涅槃。意爲無爲、寂滅、永遠超脱生死輪迴而獲得的精神境界。想，指對境之像於心中浮現之精神作用而言。

四事品第三——修佛立定的基本要求

譯文

1信念堅定

菩薩要修持一切佛現前這個法門，應當做到四個方面。哪四個方面？第一、信念堅定，沒有任何東西能動搖他；第二、精進不懈，誰也比不上；第三、所獲得的智慧，誰也比不上；第四、經常跟隨善知識去辦事。就這四個方面。

2經行不息

菩薩還應當從這四方面去做，才能很快修成這個法門。哪四個方面？第一、九十天內不能有世俗的念頭，即使在一彈指之間也不行；第二、九十天內不能有片刻躺臥的睡眠時間；第三、九十天內不得坐下來休息，除了吃飯以外，都要邊念佛，邊行走；第四、爲別人講經，不能貪求別人送衣服食品報答。就這四個方面。

3 利他爲懷

菩薩要很快修持好這個法門，還應當做到四件事。哪四個方面？第一、勸人到佛教道場參拜；第二、教人聽善知識講經；第三、不嫉妒別人；第四、勸人發心學佛。就這四個方面。

4 廣弘佛法

菩薩還應當從以下四點來修持這個法門。哪四個方面？第一、廣造佛像，如佛畫等，用以修定；第二、拿上等布帛，書寫經文，用來修定；第三、使驕傲自大的人也奉行佛法；第四、經常護持佛法。就這四點。

這時，佛念了偈頌讚歎說：「應當時常樂信佛法，誦經體會空理毫不停頓。精進不止莫睡臥，九十天裏不鬆懈。

「坐在那裏聽經時，應當安心傾聽，精進受學，務必達到廣博深遠。如果有人送東西供養你，也不要暗自歡喜，不要貪求、羨慕，這樣就能很快深入經藏之中。佛身放金光，有三十二種相，每一種相有百福功德，端正莊嚴如天金作成。不論過去佛、未來佛，都應自覺歸依；現在佛，也是人中最尊貴的，也應當時常念想，應當用香花、飲食、塗香供養佛，各方面都得到滿足。應當有善意，憑這些條件的緣故，就能離修持定門不遠。應當常常鳴鼓奏樂，用歌舞，使佛心安樂歡喜。爲成就這個法門，應當製作各種佛像，形象慈祥、端莊，美妙生動，面目閃現金光。修此定門的人，把布施當做快樂的事，應當尊奉戒律，使自己行爲高尚清淨。這樣精進不懈，不久就能修得此法門。也不要產生惱怒之心，應行大慈大悲之心和平等之心，無所憎惡。修得此法門，也應當尊重恭敬善知識，把他們看做佛一樣。不要貪心、惱怒心、嫉妒心、憤恨心，堅持按經法的要求去做。這是成佛的正確途徑。能這樣去做，不久就能修持好這個法門。」

5 敬師如佛

佛告訴賢護：「像這樣的菩薩，應當經常樂於請教善知識，把他看成佛一樣，供養持戒等各方面都具足。書寫這部經、學習這個定門時，都應這樣尊敬經師。賢護，如果菩薩對於善知識有惱恨、輕視的話，修好定門就很難。譬如，賢護菩薩，明眼的人夜半可以看到很多星座，群星閃爍；賢護，菩薩靠佛神威力的加持，修一切佛站立面前的定門，就能看到東面有百千萬億佛，於十方都能看到一切諸佛。」

佛告訴賢護說：「菩薩眼就像無所不見的佛眼一樣。賢護，菩薩想現在十方諸佛都在面前顯現，想修好這一法門，就應當布施、持戒等都具足，應當修忍辱、精進、禪定、智慧波羅蜜，使六度法門都具足。」這時，佛感嘆地說：「就像明眼人半夜看見無數星星閃耀，白天想見，也都看見一樣。菩薩修持此法門，也能從定中見十方世界一切諸佛，出定後也能見到，並且給弟子們傳授此法門。」

佛說：「正像我眼睛明亮清淨，能常見於世間一樣，菩薩修得此法門，也能看見無量數的佛。見佛不單是看佛身相，而是看十種超群的智力。見佛也不再如世人那樣有貪心，而是消滅了各種煩惱，一心清淨，不再有想法。菩薩達到如此功德，聽他講經，奉持此經，如進入清涼、空寂的世界，再也不會感到害怕了。我應當講述此經，使千萬的人民都聽聞正法。」佛說：「像我們的比丘阿難聰明智慧，聽聞佛經即奉持遵守，菩薩也是這樣，修得一切佛現前法門，就能聽聞無數佛說經，都奉持遵從。」佛說：「比如阿彌陀佛國土的許多菩薩，常能看見無數佛，就是這些菩薩修定得法，常常見到無量佛，信守奉行，常有哀憫同情心，好比乾渴的人想喝水一樣；常有大慈悲之心，拋開世俗之事，常常樂於把佛經布施給別人，因而獲得清涼寂靜，不久就能修得入定法門。」

原典

菩薩有四事法，疾逮得三昧。何等爲四？一者所信無有能壞者；二者精進無有能逮者；三者所入智慧無有能及者；四者常與善師從事。是爲四。

菩薩復有四事，疾得是三昧。何等爲四？一者不得有世間思想，如指相彈頃三月；二者不得臥出三月，如指相彈頃；三者經行不得休息，不得坐三月，除其飯食左右；四者爲人說經，不得望人衣服飲食。是爲四。

菩薩復有四事，疾得是三昧。何等爲四？一者合會人至佛所；二者合會人使聽經；三者不嫉妒；四者教人學佛道。是爲四。

菩薩復有四事，疾得是三昧。何等爲四？一者作佛形像若作畫，用是三昧故；二者用是三昧故，持好疋素令人寫是三昧；三者教自貢高人內佛道中；四者常護佛法。是爲四。

時，佛說偈而嘆曰：「常當樂信於佛法，誦經念空莫中止。精進除睡臥，三月莫得懈。

「坐說經時，安諦受學，極當廣遠。若有供養饋遺者，莫得喜，無所貪慕，得經疾。佛者色如金光，身有三十二相，一相有百福功德，端政如天金成作，過去佛、當來佛，悉豫自歸；今現在佛，皆於人中最尊，常念供養，當供養於佛，花香、擣香、飯食具足。當持善意，用是故，三昧離不遠。持常鼓樂倡伎，樂於佛心，常當娛樂。爲求是三昧者，當作佛像，種種具足，種種姝好，面目如金光。求是三昧者，所施常當自樂，與持戒當清潔高行。棄捐懈怠，疾得是三昧不久，瞋恚不生，常行於慈心，常行悲哀，等心無所憎惡。今得是三昧不久，極慈於善師，視當如佛。瞋恚嫉貪不得有，於經中施不得貪，如是教，當堅持諸經法，悉當隨是入，是爲諸佛之道徑。如是行者，今得三昧不久。」

佛告跋陀和：「如是等菩薩，當慈心常樂於善師，所視師當如佛，悉具足承事。欲書是三昧經時，若欲學時，菩薩敬師如是。跋陀和，菩薩於善師有瞋恚，有持善師短，視善師不如佛者，得三昧難。譬如，跋陀和菩薩，明眼人夜半視星宿，見星其衆多。如是跋陀和，菩薩持佛威神，於三昧中立，東向視見若干百佛，若干千佛，若干萬佛，若干億佛。如是十方等悉見諸佛。」

佛告跋陀和：「是菩薩如佛眼❶，悉知悉見。如是跋陀和，是菩薩欲得今現在諸佛悉在前立三昧，布施當具足，持戒如是，忍辱精進，一心智慧，度脫智慧，身悉具足。」時，佛嘆曰：「如淨眼人夜半上向視，星宿不可計，晝日思念悉見。菩薩如是逮得三昧者，見不可復計百千佛，從三昧中覺以悉念見，自恣爲諸弟子說。」

佛言：「如我眼清淨，常見於世間，菩薩如是得三昧，以見不可復計佛。見佛不視身相，但視十種力，不如世間人有貪，消滅諸毒以清淨不復想。菩薩逮功德如是，聞是經，遵是經，如泥洹，聞是法空空❷，無有恐怖。我當作是說經，用衆人民故，皆令得佛道。」佛言：「如我比丘阿難黠慧，聞經即受持，菩薩如是逮得是三昧，以聞不可計經卷悉受持。」佛言：「如阿彌陀佛剎諸菩薩，常見不可計佛，如是菩薩得三昧。以常見不可計佛，所信常有哀心，譬如渴者欲得飲。常有極大慈，棄捐世俗事，常樂持經施，用是故，清淨得三昧不久。」

注釋

❶**佛眼**：十眼之一，指見如來十力之眼。又五眼之一，覺悟者的眼光，能透徹了解諸法實相，無事不見，無事不知，無事不聞，聞見互用，無所思惟，一切皆見，故稱佛眼。

❷**聞是法空空**：即視萬法畢竟皆空，本性即空。

譬喻品第四——精進修念佛定的譬喻

1 海船失寶

佛告訴賢護：「菩薩為求此法門，修得此定，應當勇猛精進。如果不精進，賢護，就像有人開一條滿載珠寶的船，想橫渡大海，還未到岸，半途中船壞了，南贍部洲人都大叫大悲，說你我的珍寶都沈沒了。確實如此，賢護，如果菩薩聽說這個法門，不書寫經、讀經、學經、誦經、奉持經，那麼一切世間人民，諸天的神也都會大感悲憂，就會說：你我的寶貝都丟了，把佛家的寶貝法門丟了！」

佛說：「這一切佛現前法門，是佛所囑咐的，是佛所稱揚的。聽到這麼珍貴的經典，不書寫、學習、讀誦、受持，依法而住，反而愚蠢地自以為是，自高自大，不修持這麼好的法門。

2不聞栴檀香

「賢護，又比如，有一個蠢人，人家把滿滿一大把最珍貴的栴檀香送給他，他卻不肯接受，反而說人家把不乾淨的東西給他，那位貨主對他說：『這是栴檀香，你怎麼說是不乾淨的呢？你拿去嗅一嗅，看香不香？乾不乾淨？』那個蠢人閉著眼睛也不看，也不嗅。」

佛說：「如果聽說這個法門，又不肯接受，反而把這寶貴經典拋在一邊，這就是不守戒的蠢人。

3牛與牟尼珠

「這種人剛愎自用以爲修禪，以自己的愚蠢見解爲滿足，而且以此度人，把世間一切看做實有，不知道一切皆空、諸法無常的道理。這種人聽說這個法門，不歡喜讚歎，也不相信，不深入領會，反而輕慢地、戲弄地說：『佛有這麼深刻的寶典嗎？有這麼神、這麼大威力嗎？』反而說：『世間有像聖者阿難這樣的出家人嗎？』」佛說

：「這些人從持奉這法門的人那裏走開，三三兩兩地議論說：『這是什麼法？是從哪裏來的呢？是惡人自己揑造的吧。這經不是佛說的！』」

佛告訴賢護：「比如商人拿寶珠來到農家一個蠢兒子面前給他看，蠢人問商販：『這東西值多少錢？』商人說：『你半夜到暗的地方，拿這個珠寶出來看，珠光照多遠多大，這珠寶的價值就有多大。』」

佛說：「那個蠢人不曉得珠寶的價值，反而說：『這東西能值幾個錢，不過能換一頭牛罷了。這不過如此吧。這個價你賣不賣？賣就行，不賣就算了。』賢護，那個聽說這個法門而不相信的人，也是這樣看待寶貴經典啊！」

佛說：「如果菩薩持這個法門，傳授給相信經典而願意跟著走的人，四面就有很多人擁護你，沒有什麼可擔心的。你奉持戒律，完全信守奉行，對高深的義理深有心得，得大智慧，廣爲他人宣說。菩薩應當這樣奉持修定，輾轉傳播，使這一法門長久住世，利益世人。」

4 供養珍寶的功德

佛說：「如果愚癡之人，前世在佛面前不供養，不作功德，反而自高自大，多方誹謗嫉妒，貪圖財利，追求虛名，嘩衆取寵，得不到良師指導，也不理解經典，聽此法門，也不相信、不喜歡、不去學習，反而誹謗說：『這是那些不知羞恥的人捏造的經。』『這經不是佛說的。』」

佛告訴賢護說：「現在我這樣告訴你，賢護，求菩薩道的善男子、善女人，如果拿三千國土那麼大的珍寶供養佛，雖然功德很大，但修持信守、樂於奉行這一法門所聚的福德，不知要比它大多少倍！」這時，佛感嘆說：「若有人用三千國土堆滿的珍寶供養佛，用來求佛，以此功德，不如有人奉持此三昧法門，奉持這一法門，是佛所讚譽的，因爲聽聞此經，信仰這一法門，其福德不知有多大呀！」

佛說：「至於執迷不悟自高自大的人，對此不相信，卻聽信壞人的話，聽說此經又不相信不樂意，這就和我這部經的冤家沒有什麼不同了。這種人不持戒，又自高自大，其他人受他迷惑，跟著他跑。這是在破壞佛法。他們說這部經不是佛說的，完全是誹謗。」

佛說：「信仰這一法門的人，前世曾見到過去佛，因為這種緣故，我對這些崇信的人才宣說此法門。這一種人常護持正法，聽說經典，深信不疑，樂於奉持，這種人離佛不遠。他們持戒堅定，常常以虔誠恭敬之心敬禮經典，因為這個緣故，我為他們宣說此經。」

5信疑的因果不同

佛告訴賢護說：「我所說的不是別的，因為你的緣故，所以說這些話。現在見我說這個法門的人，在他的後世中，聽說此經也終不懷疑，不會譏笑此經，不會說不信此經，除了他在惡人旁邊，離開善知識，他的功德小以外。這種親近惡人的人，聽說此法門，不相信、不歡喜、不去領會其中的高深道理。這是為什麼呢？是因為他們學習的時間短，所參拜的佛少，信根不足，智慧少，因而不信此法門。」

佛告訴賢護說：「有的菩薩聽說此法門，不表露出特別喜歡，也不誹謗，心中還是歡喜、堅信不疑的，也不說是一會兒相信、一會兒不信，而是喜歡寫經、學經、誦經、奉持經。」佛說：「這些我都預先知道、預見到了，這種人不單是見過一佛，所作的功德也不止二三個、上十個，而是在百多位佛那裏聽講此經，後世中聽聞此法門，書寫、讀誦、奉持此經，乃至最後守一日夜，他的福德都不可計量，達到不退轉的境地，所發的大願都能實現。」

佛告訴賢護說：「我再打一個比喻。有人拿一個佛國的國土，把它粉碎，像微細的灰塵一樣，其人拿取此一微塵，然後把這一微細灰塵再粉碎，每一微細灰塵都分成一座佛刹的微塵那麼多，你說這微塵數目多不多？」賢護說：「佛啊！太多了，太多了！」

佛告訴賢護說：「我把這一比喻再引伸一步，如果有一位菩薩，把像微塵一樣多的佛刹都放滿珍寶，用來供養一切佛，還不如聽聞這一部經的功德大。如果有一位菩薩聽了這部經，不但自己書寫、讀誦、奉行，而且廣爲他人宣講，短短的時間內，這一位菩薩的功德就更大得無法算計。」佛說：「奉持這一法門，書寫誦持向別人宣說經典有這麼大的福德，更何況能堅持遵守這一法門，一切具足的人呢？」佛這時頌了下面的偈語：

三千大千國土上，裝滿珍寶用來作布施。
要是不聽此法門，其人功德福報真薄少。
如有菩薩求衆德，常當奉行此法門。
及早誦讀此經法，其人功德福報無限量。
如果把一佛國土微塵世界都破碎，
佛國世界也比塵埃多得多，
這麼多的佛國裝滿珍寶作布施，數量之多難比擬。
如有受持此法門，為人講四句偈精義，
從此禪定法門得智慧，所得功德億萬珍寶無法比。
何況有人廣為宣講此法門，受持念誦此經片刻也不停，
更加精進奉行者，其功德福報更無量！
假使一切衆生皆成佛，得神聖智慧清淨稱第一，
講說一偈之功德，超過億劫萬萬倍。
至於涅槃清淨讚歎詠誦的福報，無數億劫都讚誦，

於此禪定法門一偈語，更是無法窮究其功德。
一切佛國所有地，上下四方前後及左右，
裝滿珍寶作布施，用來供養我佛天中天。
如有聽聞此佛立面前之法門，得福報功德超過前布施。
安心諦聽諷誦此法門，其功德之大難比喻。
此人終不自高與驕傲，也不墮於三惡道。
深解妙法心不疑惑，如此便是行持佛立面前之法門。
菩薩若要親奉諸佛，應當精進道業而心不著求。
能增長信心及明達妙法，精進於佛立面前之法門是為諸佛所讚歎。
囑咐你等眾人遵守此教法，努力實行精進不懈怠。
勇猛修行得幫助，令得佛道直奔不復返。
若有誦持此佛立禪定之法門，就會面見百千佛現前。
假使臨終之時心畏懼，持此法門終必無所懼。
比丘持此法門以見我，常能隨佛左右不遠離。

菩薩聽聞修習此法門，當勤奉持為人廣宣說。
菩薩修得此佛立面前禪定法，才是博聞了達與智慧。
牢記持善止惡佛稱讚，疾成佛道智如海。
常持諷誦此法門，當學佛世尊此教法。
從此種性聽聞正法，如同佛說無差異。

我聽佛這麼說：

當時，佛在王舍城迦鄰竹園中，與出家大德五百人一起，這些出家人，皆修成阿羅漢果，戒律清淨，再沒有世俗的煩惱與習氣，不再在生死中輪迴，身心安詳自在，精神上得到解脫，充滿光明與智慧。好比佛一樣，智慧高超，開通豁達，該作的事都作了，種種德行都具足，身上的沈重包袱都卸下了，一切都隨心所欲。對什麼都不執著，以平等心對待衆生，既能自度，又能度他人。只有阿難這一位賢人還未達阿羅漢果。

對於佛法時常堅信樂於奉行，受持諷誦此道德高尚。
對此精深佛法精進理解奉行，道行具足慈悲哀憫一切衆生，應當普遍宣說佛經卷，廣泛傳播佛法教。
慎勿執著貪圖供養，一切都不執著才是此法根本。
行不正就會發怒憤恨，意善解就會離開貪欲。
時常樂於修持禪定，行動謹慎就能得此法根本。
應當常念佛的本願功德，觀瞻佛像金色光芒百福相。
種種相好有威德，好比一座金寶山。
能見各個世間上，過去、將來、現在一切佛，天中之天都稱讚。
應當供養此善教，供上好花與好香。
供養飯食心欣喜，不久當得此妙法。
彈起琴瑟奏鼓樂，洞簫悠揚供養佛。
心中欣喜充滿無限法樂，尊奉道法毫不畏難。
應當修造佛的諸形象，三十二相八十種好，
金光燦爛無污染，速能修得無上道。
信仰堅定恭敬事佛，聽從此法心不亂。

時常捨棄懈怠行為，不久就能修得禪定。
對他人不憤恨傷害，當以慈悲心哀憫衆生，
普遍救護別人進入功德之地，不久就能修得禪定。
對法師常恭敬，事奉師如同佛一般。
不得吝惜此經法，不久就能修得此禪定。
應當謹慎不得懷疑此經，佛稱讚此是正道善法。
一切佛都歌頌讚歎，不久就能修得此禪定。
好比有人眼睛明亮清淨，半夜而起看天空，
抬頭望見星星無數千，白天回想一一都記得清。
菩薩修禪定也是這樣，能見無數百千佛，
對一切佛都認識，且能對衆人說佛法。
好比我慧眼明亮又清淨，能看見世間一切無障礙。
佛弟子菩薩也如此，修禪定定能見世尊。
不再生起我癡我見，定見十方諸佛人中尊。

三毒清淨沒有什麼想法，觀此菩薩獨特行為。
等到聽聞佛法寂靜妙義，就能速證真空禪定境界。
現在我也講解此法，使更多人成佛心更安。
彌陀佛國眾多菩薩，如何得見無數佛？
如同此菩薩得禪定，常見百千無數佛。
阿難比丘如果勇猛堅定，跟隨我聽法都能受持。
修得禪定也是這樣，聽聞無數法就能奉行。
應當相信禪法速奉行，摒棄世間一切所有，
應當樂於奉行此經法，速達清淨寂定的境地。
假使三千世界裝滿珍寶，供養世尊求佛法，
如有僧人聽說佛禪定法門，深信此法不生疑惑，
他的福德比用珍寶供養佛還要大。
阿諛諂媚自高自傲，不信佛法凶害大。
跟隨惡人拜為師，不信佛法與經教，

親近惡友犯戒律，堅持自高與自大，
竊竊私下議論說，此經不是佛所說，
佛陀不會講此經，定是私自來偽造，
此法門不是世尊教導，
共同誹謗此法門，佛根本沒有這麼說。
這是誹謗佛！對於樂於聽聞佛法的人，
我才為他講述此經，善良人聽了才高興。
心中即使有疑問，也不懷疑是佛所說。
奉持戒律身心清淨，諷誦經法就得利益。
持此經法廣為宣講，就能具足一切道義。

原典

佛告䟦陀和：「菩薩慈求三昧者，得是三昧已，不精進行者，譬如，䟦陀和，有人載滿舡珍寶，欲持渡大海。未至，舡中道壞，閻浮利❶人皆大悲，念亡我爾所珍寶。如是，跋陀和，是菩薩聞是三昧已，不書、不學、不誦、不持如中法，一切諸天人民，皆爲大悲憂言，乃亡我爾所經寶，用失是深三昧故。」

佛言：「是三昧經者，是佛所囑，佛所稱譽。聞是深三昧經者，不書、不學、不誦、不守不持如法者，反復愚癡自用以爲高耶。不受是經，意欲高才，反不肯學是三昧。

「譬如，跋陀和，愚癡之子，有人與滿手栴檀香，不肯受之，反謂與之不淨栴檀香，其貨主語人其言：『此栴檀香，卿莫謂不淨乎？且取嗅之，知香不？試視之知淨不？』癡人閉目不視、不肯嗅。」

佛言：「其聞是三昧者，如是不肯受之，反棄捨去，是爲不持戒人，反捨是珍寶經，是爲愚癡無智。自用得禪，具足爲度，反呼世間爲有，不入空，不知無。其人聞是三昧已，不樂不信，不入中，反作輕戲語：『佛亦有深經乎？亦有威神乎？』反形言：『世間亦有比丘如阿難乎？』」佛言：「其人從持是三昧者，所去兩兩三三，相與語云：『是語是何等說乎？是何從所得是語乎？是爲自合會作是語耳。是經非佛所說。』」

佛告跋陀和：「譬如賈客持摩尼珠❷，示田家癡子，其人問賈客：『評此幾錢？』賈客答言：『夜半時於冥處，持是摩尼珠著冥中，其明所照至，直滿其中寶。』」

佛言：「其人殊不曉其價，反形是摩尼珠言：『其價能與一頭牛等不，寧可貿一頭牛想，是不復過此。與我者善，不肯者已。』如是，跋陀和，其人聞是三昧不信者，反形是經如是。」

佛言：「如菩薩持是三昧，受信者便隨行，四面皆擁護無所畏，持禁戒完具爲得高明，黠慧深入爲他人說之。菩薩當持是三昧分布語人，展轉相傳，當令是三昧久在。」

佛言：「癡人自於前世佛所不供養，不作功德，反自貢高，多行誹謗嫉妒，用財利故，但欲求名，但欲嘩說，不得善師，亦不明經，聞是三昧已，不信、不樂、不入中，反誹謗人言：『是彼不知愧爲，自作是經耳。』『是經非佛所說。』」

佛告跋陀和：「今我具語汝如是。跋陀和，求菩薩道者，若善男子善女人，持是三千國土滿其中珍寶施與佛，設有是功德，不如聞是三昧。若有菩薩聞是三昧信樂者，其福轉倍多。」時，佛嘆曰：「是三千國土滿其中珍寶施於佛，持用求佛。復有異人，持是三昧者，是佛所稱譽，聞信者其福倍多。」

佛言：「是迷惑自貢高人，不信者及與惡知識❸從事，聞此經不信不樂，是爲於我經中怨家無異。是不持戒人，在自大中，其餘人展轉聞其言信隨之。此爲壞佛法。其人相告言：『是經爲非佛所說。』直作是誹謗。」

佛言：「有信是三昧者，其人宿命曾見過去佛，已用是故，我爲是信者說是三昧耳。是輩之人，常護佛法，聞是經信樂者，當作是知離佛不遠。若持戒堅者，常正心恭敬於經，我用是故，爲是人說耳。」

佛告颰陀和：「我所說無有異，爾故說是語耳。今見我說是三昧者，其人卻後世時，聞是三昧終不疑，不形笑，不言不信，除在惡師❹邊，正使在善師邊，其功德薄少。如是輩人，復轉與惡師從事。是輩人者，聞是三昧，不信不樂不入中。何以故？其人未久學，所更佛少所信❺，智慧少故不信耳。」

佛告颰陀和：「其有菩薩，聞是三昧，不形笑，不誹謗者，歡喜不中疑，不言乍信乍不信，樂書、樂學、樂誦、樂持。」佛言：「我悉豫知豫見已，其人不獨於一佛，所作功德不於二，若三若十。悉於百佛所聞是三昧，卻後世時聞是三昧者，書學誦持經卷，最後守一日一夜，其福不可計，自致阿惟越致❻，所願者得。」

佛告跋陀和：「聽我說譬喻。譬如，跋陀和，有人取一佛剎悉破碎如塵，其人取此一塵，悉復破盡如一佛剎塵，都盧❼悉取一一塵，皆復塵碎盡如一佛剎塵。云何，跋陀和，是塵其數寧多不？」跋陀和言：「甚多！甚多！天中天。」

佛告跋陀和：「我爲汝曹引此譬喻，若有一菩薩，盡取是一塵置一佛剎，其數爾所佛剎，滿其中珍寶，悉持供養諸佛，不如聞是三昧。若復有一菩薩聞是三昧已，書學誦持爲他人說，須臾間，是菩薩功德不可復計。」佛言：「持是三昧者，書學誦持爲他人說，其福乃爾，何況守是三昧悉具足者？」佛爾時頌偈曰：

三千大千之國土，滿中珍寶用布施。
設使不聞是像經，其功德福為薄少。
若有菩薩求衆德，當講奉行是三昧。
疾悉諷誦此經法，其功德福無有量。
如一佛國塵世界，皆破壞碎以為塵。
彼諸佛土過是數，滿中珍寶用布施。

其有受持是世尊，四句❽之義為人說。
是三昧者諸佛慧，得聞功德叵比喻。
何況有人自講說，受持諷誦念須臾。
轉加增進奉行者，其功德福無有量。
假使一切皆為佛，聖智清淨慧第一。
皆於億劫過其數，講說一偈之功德。
至於泥洹讚詠福，無數億劫悉嘆誦。
不能盡究其功德，於是三昧一偈事。
一切佛國所有地，四方四隅及上下。
滿中珍寶以布施，用供養佛天中天。
若有聞是三昧者，得其福祐過於彼。
安諦諷誦講說者，引譬功德不可喻。
其人貢高終不起，亦無有趣惡道❾時。
解了深法不疑結，行斯三昧德如是。

學士為以見奉吾，德重精進普不著。
增益信明為菩薩，力學三昧佛所讚。
屬累汝等常勸教，力行精進無放逸。
自勗勇猛勤修行，令得大道不復反。
其有誦受是三昧，已為面見百千佛。
假使最後大恐懼⑩，持此三昧無所畏。
行是比丘以見我，常為隨佛不遠離。
菩薩聞習三昧者，義當受持為人說。
菩薩得是三昧者，爾乃名曰博達慧⑪。
為逮總持佛稱譽，疾成佛道智如海。
常恆誦說是三昧，當從佛法世尊教。
聞其種性⑫得等覺，如佛所說無有異。

聞如是⑬：

一時，佛在羅閱祇迦鄰竹園中，與大比丘衆比丘五百人，皆是阿羅漢，諸漏已盡，無復塵垢，生死悉除，而得自在，心已解脫，照明於慧。譬如大龍⑭，聖智通達，所作已辦，衆行具足，棄捐重擔，所欲自從。已捨諸有，其行平等，得制其心，度於彼岸。唯除一人，賢者阿難。

常信樂於佛法，受誦是道德化。
精進行解深法，立具足等慈哀。
當普說佛經卷，廣分布道法教。
慎無得貪供養，無所著得是法。
在不正瞋恚興，意善解便離欲。
常樂定三昧禪，謹慎行得是法。
當念佛本功德，天金色百福相。
諸種好有威德，現譬如像金山。
悉見知諸世間，過去佛及當來。
並現在人中尊，天中天皆說是。
當供養斯善教，上好華衆擣香。

欣踴心奉飯食，得是法終不久。
鼓琴瑟諸妓樂，簫成供佛形象。
欣然意悅無量，尊道法得不難。
當造起佛形象，諸相好若干種。
黃金色無穢漏，疾逮得是道尊。
堅固敬常以前，聽是法無亂心。
常捨離懈怠行，得三昧疾不久。
無恚害向他人，當行哀得慈法⑮。
普救護功德地，得三昧疾不久。
常恭敬於法師，當奉事如世尊。
無得惜是經法，得三昧疾不久。
慎無得疑斯經，佛讚是正道化。
一切佛所歌嘆，得三昧疾不久。
譬如有人眼清淨，於夜中半而起觀。

仰見星宿無數千，晝日思念皆識知。
菩薩如是得三昧，見無央數百千佛。
皆識念知於諸佛，則為衆會說世雄⑯。
譬如今我覺眼明，清淨無垢見世間。
佛子菩薩眼若此，三昧普達見世尊。
終不復起吾我想，見十方佛人中尊。
除毒清淨無想念，觀此菩薩奇特行。
逮聞尊法寂然義，速疾得解空定行。
今我亦訓於是法，以成佛道多所安。
如何彌陀國菩薩，見無央數百千佛？
得是三昧菩薩然，常見無數百千佛。
比丘阿難如勇猛，從我聞法皆受持。
逮得三昧亦如是，聞無數法悉奉持。
當信三昧疾持行，悉棄世間諸所有。

常樂斯經行法施，疾得清淨寂定地。
假使三千界，滿中珍寶施。供養佛世尊，
以用求佛道。設復有比丘，聞是佛三昧，
信樂而不疑，其福過彼上。諛諂懷自大，
無信在凶害，與惡師相隨，不信是法教，
犯戒近惡友，堅住自貢高，各各共議言，
是經非佛語，佛不說是議，為自共合造，
此非法王教，共誹謗如斯，竟無有是語。
此為誹謗佛。有樂道法者，我故為說耳。
有聞是經者，仁賢而喜悅。其心常不疑，
不言非佛說。奉禁戒清淨，受法諷誦利。
執經普講說，則具足道義。

注釋

❶ **閻浮利**：又作閻浮提、贍部洲。該洲爲須彌山南方之大洲，又稱南閻浮提。

❷ **摩尼珠**：即寶珠，投之濁水，水即變清。

❸ **惡知識**：教人做惡事的壞師友。

❹ **惡師**：即教人做惡者。

❺ **所更佛少所信**：當指所參拜的佛少，信根不足。

❻ **阿惟越致**：又作阿鞞跋致，譯爲不退轉成佛進路之意，是菩薩階位之一，經一大阿僧祇之修行所到之位。一大阿僧祇，是無限久遠的時間單位。

❼ **都盧**：全部的意思。

❽ **四句**：指阿羅漢成道時，依無生智而誦出的四句偈，即：「諸漏已盡，梵行已立，所作已辦，不受後有。」意指煩惱已盡，離愛欲而過清淨生活，已得解脫，不再在生死中輪迴。

❾ **惡道**：指身、口、意三惡業所生之處所，即地獄、餓鬼、畜生。

❿**假使最後大恐懼**：當指未修行之人臨終之時對死亡的恐懼心理。《賢護》此句譯作「假使後世恐怖時」，正是此意。

⓫**博達慧**：博聞經典，了達生死根本，趣於無上根本智慧。

⓬**種性**：指一種世襲的社會等級制度。印度的四大種姓爲婆羅門（僧侶、學者）、刹帝利（武士和貴族）、吠舍（手工業者和商人）和首陀羅（農民、僕役）。此外，還有社會地位最低的賤民階層。

⓭聞如是，此下一段直至本章末，不見於《大正藏》，待考。

⓮**大龍**：當即大龍象，爲阿羅漢與佛的尊稱。本經中指佛。

⓯**當行哀得慈法**：即奉行哀憫衆生的大慈大悲精神。

⓰**世雄**：佛之尊稱。謂佛有大定力，具雄健之德，於世間最爲雄猛，能制伏、斷盡一切煩惱。

2卷中

無著品第五——修定見佛亦不應執著

譯文

1觀察諸佛妙相

佛告訴賢護說：「這個一切佛現前的法門，應當怎樣觀想呢？比如我現在你面前說經，你應當這樣想：一切佛都站在我面前，應當具足成就一切相好。一一觀察諸佛妙相，弄清楚爲何不見一切佛頂相。對諸佛都應當這樣想：我將來也應當像諸佛那樣，具足妙相，也應當具足清淨禁戒，修三昧法門。應當想：我成佛是從身得，還是從心得？更進一步想：佛既不用心得，也不用身得，既不用心得，也不用色得。爲什麼呢？說心吧，佛無心；說色吧，佛無色，不用這精神意識的心，也不用這有質礙之體的色，這才能求得無上菩提智慧。爲什麼呢？這是因爲，佛已脫離了有質疑之體的色，佛已了脫痛癢的感覺、思惟、造作生死之行、分別意識等束縛。佛這種了脫，愚癡的人是看不到，也不知道的，只有有無上智慧的人才能知道。

2以無執著之心念佛

「應當認識到：到底如何念想才能見到佛呢？是憑自己的身體呢，還是憑智慧呢？應當說：既不從心得見佛，也不用智慧得見佛。爲什麼呢？憑智慧求見佛不可能得到，憑智慧求我也無所見，無所得。一切法本來都是無常的。把無常的東西看做有，就是執著；把沒有的東西看成有，也是執著。既不是無有，也不是有，也不是亦無有亦有，適得其中，但從這種中道觀點看，也不在邊，也不在中，也不有，也不無。爲什麼呢？萬法皆空，正如涅槃清淨的境界，既不壞、不腐爛，亦不永遠堅固不變，既不在這裏，也不在那邊，既沒有思想，也不動搖。什麼叫不動搖？有智慧的人不算計，所以不動搖。道理就是如此。賢護，菩薩要見佛，就應當以菩薩無所執著之心念佛。爲什麼說無所執著？經說：『萬法本無所有，心中亦不應執著。壞是本壞，絕是本絕，這就是無所執著。』確實如此，賢護，菩薩修持此定門，應當這樣見佛，不應當對見佛產生執著。爲什麼？假如有所執著，就會自己燒毀自己。好比鐵匠夾一塊生鐵在爐中燒得正火紅，有智慧的人不應當以手去接。爲什麼呢？因爲會把自己的手燒壞的。賢護，菩薩要見佛，也不應當執著，對有質礙的色、有痛癢的感覺（受）、思惟、造作生死之行、分別意識這『五蘊』都不應當執著。爲什麼？因爲執著就會燒身。見佛應當念佛的功德，應當以大乘佛教自度、度他的精神來求見佛。」

佛告訴賢護：「菩薩在修此定門中不應當執著。能不執著，就能很快修得此法門。」佛這時說了以下偈語：

如新磨鏡、盛油器，女人裝飾一照就知道。
於中生起淫欲心，放逸姿態迷人甚荒唐。
法本虛無追不至，迷色就能使火燒身。
女人患苦從此起，只因不解萬法無常即是空。
有想菩薩也如此，我當成佛盼甘露。
度脫人民除煩惱，有人想故無法得解脫。

求索人本不可得，亦不求生死及涅槃。
法不可執如水月，觀察佛道本來無歸趣。
智慧菩薩當了知，世間萬法本皆無。
於諸人物不執著，就能速於世間得佛道。
諸佛從心解得道，心者本性清淨明無垢。
五道鮮潔不受色，明此理即能行於解脫道。
一切諸法無色漏，離想無想才知空。
絕去淫欲心無染，有解此者得三昧。
精進奉行求佛道，常聽諸法本清淨。
無得無求無不求，有此法門不難得。
觀察所有如虛空，佛道涅槃寂靜稱第一。
無想無作亦無聞，如此能明了神聖的佛道。
見一切色不想念，眼無所執著無往來。
常觀諸佛等如空，已度衆生滿足一切之所求。

其人清淨眼無垢，奉行精進心神寂靜又安然。
無量經法都受持，思惟分別此法門。
行此定門無執著，除去一切無明得禪定。
不說世間無賢人，外道聞此皆迷惑。
當離相想而思惟，心以清淨得見佛。
見諸佛後一切見，其人速解此三昧。
地水火風莫能礙，如在虛空一切也不蔽。
行此精進見十方，坐此遙聞諸佛演妙音。
像我這樣講說經，樂道法者就能面見佛。
彼應不再有其他思惟，唯想世尊說法事。
如此專念莫他觀，唯聞道義以法布施人。
常念解了此定門，廣泛傳授諷誦佛妙法。
無有一佛在過去，也不在現世與未來。
唯此清淨微妙禪，不可言說堪讚歎。

我於三界無上尊，為利世間故特出世間。
能夠證此菩提道，宣此法門無倫比。
其有講受此法門，身常安穩意不慌。
此為諸佛無量德，至尊佛道獲不難。
廣採衆經不思議，為衆生故常勤求。
速棄諸欲與塵垢，精進修行此定門。
現世若欲見無量佛，樂從諸善知識所受法。
速疾去色除貪著，行此清淨寂滅的三昧定門。
於此無貪無怨恨，也無愚癡與憎愛。
又無無明及狐疑，如是方能解此寂靜禪。

原典

佛告跋陀和：「是菩薩三昧，當云何？譬如佛今於若前說經，菩薩當作是念：諸佛悉在前立，當具足念諸佛端正，悉欲逮見一一想；當想識無有能見諸佛頂上者，悉具足作是想見諸佛。當作是念：我身亦當逮得如是，亦當逮得持戒三昧如是。當作是念：我當從心得從身得？復更作念：佛亦不用心得，亦不用身得，亦不用心得佛，亦不用色得佛❶。何以故？心者佛無心，色者佛無色，不用是心色，得阿耨多羅三藐三菩提❷。何以故？佛色以盡，佛痛癢、思想、生死、識了盡。佛所說盡者，愚癡不見不知，智者曉了之。

「作是念：當持何等念得佛？當持身得佛？當持智慧得佛？復作是念：亦不用心得佛，亦不用智慧得佛❸。何以故？智慧索不能得，自復索我了不可得，亦無所得，亦無所見。一切法本無所有，念有，因著；無有，反言有，亦著。是兩者亦不念，亦不復適得其中，但用是故，亦不在邊，亦不在中，亦不有，亦不無。何以故？諸法空，是如泥洹，亦不壞，亦不腐，亦不堅，亦不在是間，亦不在彼邊，無有想，不動搖。何等爲不動搖？智者不計，是故不動搖。如是，颰陀和，菩薩見佛，以菩薩心念無所著。何以故？說無所有，經說：『無所有，中不著，壞本絕本❹，是爲無所著。』如是，颰陀和，是菩薩守是三昧，當作是見佛不當著佛❺。何以故？設有所著爲自燒，譬如大段鐵著火中燒正赤，有智者不當以手持。何以故？燒人手。如是，颰陀和，菩薩見佛，不當著，色、痛癢、思想、生死、識不當著。何以故？著者爲燒身，見佛但當念其功德，當索摩訶衍❻。」

佛告跋陀和：「是菩薩於三昧中不當有所著，不著者疾得是三昧。」佛爾時頌偈言：

如新磨鏡盛油器，女人莊餝❼自照形。
於中起生淫欲心，放逸姿態甚迷荒。
追不至誠虛捐法，為色走使燒其身。
女人患害從是起，用不解法非常空。
有想菩薩亦如是，我當成佛逮甘露。
度脫人民憂惱患，有人想故為不解。
求索人本不可得，亦無生死及泥洹。
法不可擁如水月，觀察佛道無歸趣。
黠慧菩薩當了是，解知世間悉本無。
於諸人物無所著，疾速於世得佛道。

諸佛從心解得道，心者清淨明無垢。
五道鮮潔不受色，有解是者成大道。
一切諸法無色漏，離想者空無想空。
絕去淫欲則脫心，有解此者得三昧。
精進奉行求佛道，常聽諸法本清淨。
無得行求無不求，有是三昧不難得。
觀察所有如虛空，道意寂然審第一。
無想無作亦無聞，是為解了尊佛道。
見一切色不想念，眼無所著無往來。
常觀諸佛等如空，已度世間諸所求。
其人清淨眼無垢，奉行精進常寂然。
無量經法悉受持，思惟分別是三昧。
行是三昧無所著，除一切冥得定意。
不見世雄無賢聖，諸外異道聞此惑。

超度思想當志求，心以清淨得見佛。
睹諸佛已不復見，爾乃解是尊三昧。
於地水火莫能礙，風種虛空亦不蔽。
行是精進見十方，坐遙聽受所化法。
如我於是講說經，樂道法者面見佛。
作行懃力而不著，唯從世尊所說法。
得者如是無所念，專聽道義與法施。
常念解了是三昧，普諦受誦佛所講。
過去諸佛皆論法，當來世尊亦復然。
讚說宣布分別義，皆共嘆講是三昧。
我亦如是為人尊，在世無上衆生父。
皆悉解知此道眼❽，故解說示寂三昧。
其有講受是三昧，身常安隱意不荒。
是為諸佛無量德，致尊佛道獲不難。

廣採衆經不可議，欲達一切諸佛化。
速疾去欲諸垢塵，精進行是淨三昧。
現世欲見無數佛，樂從諸尊聽受法。
速疾去色除所著，行是清淨寂三昧。
於是無貪及瞋恚，捨離愚癡捐憎愛。
棄遠無黠除狐疑，如是得解空三昧。

注釋

❶**念佛亦不用心得，亦不用身得，亦不用心得佛，亦不用色得佛**：指念佛既不應對精神意識的「心」有所執著，亦不應對有質礙之物質「色」、「身」有所執著。一切都無所住而生其心。無所得，然後能有所得。

❷**阿耨多羅三藐三菩提**：指佛智，今譯爲無上正等正覺，即是眞正平等覺知一切眞理之無上智慧。

❸**亦不用心得佛，亦不用智慧得佛**：參❶注。智慧，此處指世俗之智慧。若出世間之

般若智慧，即是無所得爲得，什麼都不執著。

❹**壞本絕本**：當指壞從根本起，滅絕亦從根本起。

❺**見佛不當著佛**：指通過念佛修行，自然顯現佛，而不應刻意追求，執著於成佛。

❻**摩訶衍**：摩訶衍那的簡稱，今譯爲大乘。

❼**莊餝**：即裝飾，指服裝、打扮。

❽**道眼**：指見正道的天眼通，又指觀道之眼。《賢護》將此譯爲「諸佛菩提」。故全句爲「念證諸佛菩提故」，與「皆悉解知此道眼」稍有不同。

四輩品第六——四衆弟子如何修持佛立定

譯文

1比丘學此三昧

賢護菩薩對佛說：「尊敬的佛，有一切佛站立面前這麼殊勝的法門，我想請問：如果有在家菩薩想離棄家庭、愛欲，出家學佛，聽聞此定門之後，如何學習？如何修持？如何奉行？」

佛說：「如果有菩薩出離家庭、愛欲，想當比丘，想學此法門，誦持此法門，應當保持清淨的禁戒，不得有一絲一毫的缺戒。什麼樣是菩薩不缺戒呢？一切時間、地點，不管是出外，還是回道場，都要奉行禁戒，守護戒律，不能有絲毫的違犯。應當經常對阿諛討好、諂媚等壞習氣感到可怕，遠遠離開它，應當守護這一禁戒。能這樣做，就是清淨持戒。什麼樣的菩薩算缺戒呢？比如說，他貪求色。所謂求色，就是說他的意念中，想憑自己做的功德，後世生什麼什麼天啊，當轉輪勝王啊！」佛說：「用這一點來比方說這個菩薩缺戒，因爲此人經常這樣做，以爲是守戒，並且以爲這樣就有福德，想此後生什麼什麼地方，樂於做什麼，這也是一種貪於愛欲的行爲，是違反戒律的。」

佛告訴賢護：「這種出家菩薩，想學習此法門，保持清淨完整的戒律，不諂媚、討好，持戒應當爲智者所稱讚，受羅漢們的稱譽。應當按經典的要求，多行布施，當精進修行，過清淨的生活，有強烈的進取欲望，應當有堅定的信念，以宣講勸化爲樂，當事奉比丘，親近善知識。在一切可以聽聞此法門的地方，向一切可以宣講此法門的善知識請教，把他當做和佛一樣看待。」

佛告訴賢護：「這位菩薩把善知識當做佛事奉，很快就會修成此法門。假使不恭敬老師，輕慢善知識，欺騙、嘲弄老師，想使自己修持好此三昧，長期堅持，是不可能的。對於不恭敬老師的人，得趕快離開他。」

佛告訴賢護：「這位菩薩如果從四衆弟子處，聽聞宣講此法門，應當作佛一樣看待。對聽聞修持此定門的地方，也應當受到尊敬。」

佛告訴賢護：「菩薩對所聽聞此法門的地方，不應當持諂媚的態度。假使菩薩這樣做，就應當經常樂於獨處，不吝惜身家性命，不得貯聚穀米食具，應常常乞食，不受人家的宴請，不嫉妒，自覺守戒，依法而住，所有的東西都能知足，常常經行不鬆懈，不貪睡眠。賢護，這就是經中的教導，想捨棄愛欲出家當比丘的菩薩，應當這樣修持遵守此法門。」

於是，賢護菩薩對佛說：「世尊，我想再請教一下，如果後世有的菩薩懈怠，聞此法門，不精進修行，而自念：我只能等當來佛出世的時候才能修此法門了。爲什麼呢？你看，我身體這麼瘦，又有病，恐怕修不成。他聽聞此經，也就不去精進修行了。如果菩薩要精進修道，想學此經，應當教他遵循這部經的教導去做，不惜身家性命，不羨慕那些有所得的人，有人讚揚也不沾沾自喜，不貪供養，對世間智慧和出世間智慧都不貪慕執著，清心寡欲，聽聞經典，不懈怠，精進不止。那位菩薩不應當想等將來再修此法門，而應當想：即使我的皮肉、筋骨、骨髓都腐爛了，修習此法門終不鬆懈，那怕是死了，也不懈怠。聽聞此經後，無不歡喜。」

這時，佛說：「好極了！好極了！賢護，你所說的很對，我很歡喜，過去、將來、現在一切佛都隨你而歡喜。」佛這時念偈語說：

像我今天所說法，都能受學獨處獨行。
修行功德自守戒，求此法門不難得。
沿門乞食不受請，愛欲享樂都拋棄。
從聽聞此法門處，尊敬法師如同佛一般。
若有誦行此定門，常當精進莫懈怠。
不得吝惜於宣講經法，不能貪求供養才給人講經。
樂於傳授此三昧，這才算是佛弟子。
如此講授與奉行，進入定門終不久。
常當努力不懈怠，不貪睡眠心開解。
遠離那些惡知識，一心求此善法門。
不圖安逸不休息，時常捨離與世俗人的聚會。
出家僧人求此法，追隨佛教當如此。

2比丘尼學此三昧

賢護菩薩對佛說：「請問比丘尼求菩薩道，想修持此法門，遵守此經法，應當如何做？」

佛告訴賢護說：「比丘尼發大乘菩提心，修持此法門的人，應當謙虛、恭敬，不應當嫉妒，不得發怒、怨恨，拋棄自高自傲，精進努力不鬆懈，不貪睡眠，經行不睡，不積聚財物，不謀利益，身心清淨，保持清潔，不惜身家性命。經常樂於經典，刻苦多學，棄除淫欲、憤怒、愚癡等習氣，從魔鬼所設的羅網中跳出來，去除以前所喜好的服裝、珠環等裝飾品，不惡口，不貪愛好的衣缽供養。受到別人的稱譽不討好、諂媚。修學此法門時，應當敬重教師，視同於佛，應當按照經中的教導去做，守此定門。」佛這時念偈語道：

比丘尼衆行恭敬，無怨無恨不嫉妒。
棄除驕傲不自大，如此修行得三昧。
常精進，不睡臥，棄貪欲，不圖長壽。

一心慈悲求此法，當如此修佛立定。
不得有淫欲心，不得怨恨及愚癡。
莫墮入魔王羅網，求三昧當如是。
如有修持此法門，無調戲，捨棄對色身的貪愛。
當堅信，莫狐疑，當至誠，勿虛飾。
捨棄小慈行大慈，尊敬善師無傲慢。
當去離於衆惡，修此定門當如此。
修行求法想成功，不貪衣鉢與供養。
從師聽聞此三昧，視師如佛無差異。

3男居士學此三昧

賢護菩薩跟佛說：「善男子居家修道，聽說此法門，想學習、奉持此法門，應當如何？」

佛告訴賢護：「善男子居家，想修學此法門，守持此定，應當持守五戒，住於淨潔的地方，不喝酒，也不請別人喝。不得與其他人行淫，自己不這樣做，也不教人這樣做。不得沈湎於對妻子、兒女的情愛之中，不得繫念男女欲愛之事，不得掛念財產。時常想離開妻兒，出家當比丘。時常持守八種禁戒，齋戒時應當時常到寺院，參加特定日子所舉行的戒法及懺悔儀式。時常想到布施別人，不想到我自己這樣多布施就能多得福。當多行布施，爲萬民求幸福安樂。應當時常對善知識慈悲奉事，見到持戒出家人不得輕易說他的壞話。這樣做了，就能學習、奉持好此法門。」佛這時說了下面的偈語：

居家菩薩，欲得此法門，
常當學根本，心無所貪慕。
誦持此經，樂於出家作沙門。
不貪戀妻子，捨離於財色。
常奉持五戒，一個月一次八關齋，
齋時於佛寺，修定多布施。
不說別人惡，不得輕慢人。

一切不執著無所求，當行此法門。
恭敬諸經法，常當樂佛道。
常無諂媚與虛偽，也無吝惜與妒嫉。
有修此定門，常當恭敬善知識。
勿自大與放逸，事師如同佛。

4 女居士學此三昧

賢護菩薩對佛說：「若有善女人，想發大乘無上菩提心聽聞此法門，想學守此定，應當如何？」

佛告訴賢護菩薩：「如果在家女居士求大乘道，發菩提心，聽聞此法門，想奉持此定，應當守持五戒，做到三點：自覺歸依佛，歸依於法，歸依於僧。不能事奉外道，不能崇拜天，不得占卜擇日，不得調弄戲耍，不得輕視怠慢他人，不得有貪心。女居士應當時常念布施，歡喜樂意聽聞此經，致力廣博學問。女居士應當時常敬重教師，心常不疲倦、不鬆懈。如果僧尼路過，應時常敬之如賓客，以飲食事奉他們。」佛這時又說了偈語：

若有在家善女人，誦持此法門，當從佛法教，遵守五禁戒。
守持此定門，應當尊敬佛。歸命法和僧，恭敬一切善知識。
不得事外道，不得祭拜天。行持此法門，見人立送迎。
除去殺盜淫欲，至誠不搬弄是非，不得飲酒食。
當持此法門，不得懷貪心。常當念施捨，除去誣諂與阿諛。
不得說人短，常當恭敬事奉比丘比丘尼。
恭敬聽法語，如此方能修定門。

原典

䟦陀和菩薩白佛：「難及天中天說三昧者。若有菩薩，棄愛欲作比丘，聞是三昧已，當云何學？云何持？云何行？」

佛言：「若有菩薩棄愛欲作比丘，意欲學是三昧者，誦是三昧者，持是三昧者，當清淨持戒，不得缺戒大如毛髮。何等爲菩薩不缺戒？一切悉護禁法，出入行法，悉當護不得犯戒大如毛髮。常當怖畏遠離於諛諂，悉當護禁。作是護者，是爲清淨持戒。何等爲菩薩缺戒者?是菩薩求色。何等爲求色?其人意念，持是功德，使我後世生若作天，若作遮迦越王❶。」佛言：「用是比此菩薩爲缺戒，其人久持是，行持是戒，持是自守福，欲所生處，樂於愛欲中，是爲毀戒。」

佛告跋陀和：「是菩薩比丘，欲學是三昧者，清淨持戒，完具持戒不諛諂，持戒當爲智者所稱譽，爲羅漢所稱譽。於經中當布施，當精進所念強，當多信勸樂，當承事於和上，當承事於善師。所從聞是三昧者，所可聞是三昧處，當視其人如佛。」

佛告跋陀和：「是菩薩視師如視佛者，得三昧疾。設不恭敬於善師，輕易於善師，欺調於善師，正使久學是三昧，久持久行，設不恭敬師者，疾亡之。」

佛告跋陀和：「是菩薩，若從比丘、比丘尼、優婆塞、優婆夷所，得聞是三昧，當視如佛。所聞三昧處，當尊敬。」

佛告跋陀和：「菩薩所聞是三昧處，不當持諂意。向是菩薩不得諂意，常當樂獨處止，不惜身命，不得希望❷人有所索，常行乞食，不受請，不嫉妒，自守節度，如法住，所有趣足而已。經行❸不得懈，不得臥出。如是，跋陀和，如是經中教，其棄愛欲作比丘學是三昧者，當如是守。」

如是，跋陀和菩薩白佛：「難及天中天所說法，若有後世懈怠菩薩，聞是三昧已，不肯精進，其人自念：我當於後當來佛所索是三昧耳。云何？言我曹身羸極有病瘦恐不能求。聞是經已，懈怠不精進。若復有菩薩精進者，欲學是經，當教之隨是經中法教，用是經故，不惜軀命，不望人有所得者，有人稱譽者不用喜，不大貪鉢震越❹，無所愛慕，常無所欲，聞是經不懈怠，常精進。其人不念，我當於後當來佛所乃求索，自念使我筋骨髓肉皆使枯腐，學是三昧終不懈怠，自念我終不懈怠死也，聞是經已，無不歡樂。」

時，佛言：「善哉！善哉！跋陀和，所說者無有異，我助其歡喜，過去當來今現在佛悉助歡喜。」佛爾時頌偈言：

如我今所說法，悉受學獨處止。
行功德自守節，是三昧不難得。
常乞食不受請，悉棄捨諸欲樂。
所從聞是三昧，敬法師如世尊。

有誦行是三昧，常精進莫懈怠。
不得惜於經法，不求供乃與經。
其有受是三昧，爾乃為是佛子。
學奉行如是者，得三昧終不久。
常懃力不懈怠，除睡眠心開解。
當遠離惡知識，然後從是法行。
去放逸不休息，常捨離衆聚會。
比丘求斯三昧，隨佛教當如是。

跋陀和菩薩白佛：「比丘尼求菩薩道，欲學是三昧，欲守是三昧，當持何等法，住學守是三昧？」

佛告跋陀和：「比丘尼求摩訶衍三拔致❺，是三昧學守者，當謙敬，不當嫉妒，不得瞋恚，去自貢高，去自貴大，卻於懈怠，當精進，棄於睡眠不得臥出，悉卻財利，悉當淨潔護，不得惜軀命。常當樂於經，當求多學，當棄淫恚癡，出魔羅網去，當棄所好服餝珠環，不得惡口，不得貪愛好鉢震越。當爲人所稱譽，不得有諛諂。學是三昧時，當敬善師視如佛。當承是經中教守是三昧。」佛爾時頌偈言：

比丘尼行恭敬，不妒嫉離瞋恚。
除憍慢去自大，行是者得三昧。
當精進卻睡臥，捐所欲不貪壽。
一心慈於是法，求三昧當如是。
無得聽貪淫心，棄瞋恚及愚癡。
莫得墮魔羅網，求三昧當如是。
設有學是三昧，無調戲捨貪身。
一切捐衆狐疑，當至誠不虛飾。
捨小慈常大慈，敬善師無已已。
當去離於衆惡，求三昧當如是。
行求法欲得者，不貪著鉢震越。
從人聞爾三昧，視如佛等無異。

颰陀和菩薩白佛：「若有白衣菩薩❻，居家修道，聞是三昧已，欲學者，欲守者，當云何於法中立，學守是三昧？」

佛告颰陀和：「白衣菩薩，聞是三昧已，欲學守者，當持五戒堅淨潔住，酒不得飲，亦不得飲他人。不得與女人交通，不得自爲，亦不得教他人爲，不得有恩愛於妻子，不得念男女，不得念財產。常念欲棄妻子，行作沙門。常持八關齋❼，齋時常當於佛寺齋。常當念布施，不念我當自得其福，當用萬民故施。常當大慈於善師，見持戒比丘不得輕易說其惡。作是行已，當學當守是三昧。」佛爾時頌偈言：

有居家菩薩，欲得是三昧，
常當學究竟，心無所貪慕。
誦是三昧時，思樂作沙門。
不得貪妻子，捨離於財色。
常奉持五戒，一月八關齋，
齋時於佛寺，學三昧通利。
不得說人惡，無形輕慢行。
心無所榮冀，當行是三昧。

奉敬諸經法，常當樂於道。
心無有諂僞，棄捨慳妒意。
有學是三昧，常當行恭敬。
捨自大放逸，奉事比丘僧。

跋陀和菩薩白佛：「若有優婆夷，求摩訶衍三拔致，聞是三昧已，欲學守者，當行何等法，學守是三昧？」

佛告跋陀和：「若優婆夷，求摩訶衍三拔致，聞是三昧已，欲學守者，當持五戒，自歸於三。何等爲三？自歸於佛，歸命於法，歸命於比丘僧。不得事餘道，不得拜於天，不得示吉良日，不得調戲，不得慢恣，不得有貪心。優婆夷常當念布施，歡樂欲聞經，力多學問。優婆夷常當敬重於善師，心常不倦不懈。若比丘、比丘尼過者，常以坐席賓主飲食待之。」佛爾時頌偈言：

若有優婆夷，誦是三昧者，當從佛法教，奉五戒完具。
守是三昧時，當尊敬於佛，及法比丘衆，恭敬其善師。
不得事餘道，勿祠祀於天。行是三昧者，見人立迎逆。

除去煞盜淫，至誠不兩舌，無得向酒家。當行是三昧，
心不得懷貪，常當念施與。除去諂諛意，無得說人短。
常當恭敬事，比丘比丘尼。聞法語悉受，學三昧如是。

注釋

❶**遮迦越王**：又作遮迦越羅，即轉輪勝王。

❷**希望**：希，念也，悲也，願也。此處即希求的意思。

❸**經行**：坐禪欲睡眠時，繞一定的地方往來行走，叫經行。經行時不得搖身，不得太疾，不得低頭，收攝諸根，心不攀緣外境。有痊疴、消食、生福的作用。

❹**鉢震越**：當指衣鉢。此句「不大貪鉢震越」，《賢護》譯作「不染衣鉢」；另於〈授決品〉有「於鉢震越及衣服」，《賢護》譯作「勿貪好衣及塗香」，故鉢震越或又指塗香，待考。

❺**三拔致**：又名三拔諦，今譯爲發趣，即發心趨向菩提道，與發菩提心同。

❻**白衣菩薩**：爲在家信士、信女的別稱。本文指優婆塞，在家信士。又常著白衣在白

蓮中，戴天髮髻冠、襲純素衣，左手持開敷蓮華之觀世音菩薩，亦稱白衣菩薩。

❼**八關齋**：八關戒之異名。即禁止犯盜、殺、淫等違反戒律之事。

授決品第七——知難而進奉持此經

譯文

1此經在沈寂後重現

賢護菩薩問佛：「少有能及者，天上天下最尊貴的佛，你所說的這個定門，諸位菩薩都樂意精進奉行，毫不懈怠，以求證得無上正等正覺。不知道你涅槃後，這個法門能不能在南贍部洲流通？」

佛告訴賢護菩薩：「我涅槃後，這部經當流通四十年，以後不再出現。到以後的動亂年代佛經將要斷絕時，許多出家人不再奉持佛教了。到世上紛亂不止、國與國之間相互攻打時，這部佛經將再度出現於世。」

2誓於亂世奉持此經

賢護菩薩、羅憐那竭菩薩從座位站起來，整了一下衣服，叉著手來到佛面前告訴佛：「佛涅槃後處於亂世的時候，我們共同來護衛此經法，修持此法門，廣泛爲衆人宣說，聽聞這部經沒有厭倦時。」

摩訶須薩和菩薩、憍日兜菩薩、那羅達菩薩、須深菩薩、因坻達菩薩、和輪調菩薩一起對佛說：「佛涅槃後，處亂世時，對於這部經卷，我們共同護持，使佛道久行於世。別人未聽聞此經，我們當共同宣說，爲他們講解此經。世間稍有信根的人，我們都向他們傳授此法門。」

3佛光遍照十方

這時，五百位菩薩從座位上站起，四衆弟子都叉手在前，對佛說：「佛涅槃後，逢亂世時，聽聞此正法，我們都自願奉行、護持此經，聽從八大菩薩的教誨。」

這時，佛微笑著，口中放出金光，光芒照耀到十方無數佛國，一片光明，然後光繞佛身周圍，從頭頂而入。阿難從座位起來，披好袈裟，走到佛面前，對佛施禮，然後又起手，念了下面的偈語：

其心清淨行為無污染，神通無極大變化。
越過種種障礙超衆智，光明遍照除去塵埃。
智慧無量心能普遍得解脫，佛音微妙勝過迦陵鳥。
一切外道不能使他動搖，微笑放光是何因？
願大覺士為解說，慈悲哀憐於衆生。
如果聽聞佛妙音，洞明聖解教化廣實行。
世尊所感非為妄，衆聖導師豈虛笑？
今日誰當作決定？世尊願為解此意。
誰住持佛法道德堅？誰行佛法使其興旺？
誰能傳承這深妙佛藏？誰能作為衆人的歸宿？
誰於今日利世間？誰當總宣佛法藏？
誰於佛智得常住？世尊願為解說之。

佛這時以偈語回答阿難道：

佛告訴阿難汝見到沒有，五百人等在前立。
他們心歡喜歌頌道，我等當奉此經法。
顏色和悅敬視佛，我等何時得此法門！
都肅立讚歎佛，我輩當亦能如此！
五百人等今現在，名字雖異根本修行都一樣。
當樂奉受此深經，將來亂世亦同樣。
今我囑託告你等，佛慧無量要知其根本。
此輩不獨見一佛，亦不立此得其慧，
我能透徹了解彼前世命，曾經尊敬八萬佛。
五百人等存在道，常解經義勉行成。
勸助無數諸菩薩，常行慈悲哀憫眾生護經法。
勸化一切眾人民，都令證得菩提道。
能見過去諸佛，超過八十億億多。

名僧大德心得大解脫，彼時此等已奉持。
現世於此受我教，分布供養是舍利。
奉持受習佛的教化，皆能諷誦有所付託。
安置塔寺及山中，付囑天龍及金鳥。
各各傳授經卷後，壽終皆得生天上。
後雖轉生於人間，常不離於好種姓。
當能重新持此佛道行，依持此經如所願。
只因愛樂此經法，求則得之持奉行。
令無數人得聽聞，欣喜無限心無等。
求法精誠不厭倦，不貪身體及壽命。
降伏一切諸外道，授其經法弘揚其志向。
此經法是否無人能受，誰持諷誦講說者？
今四輩人住我前，五百之衆完全能奉持。
八位菩薩是，賢護、羅憐那竭、那羅達、

摩訶須薩、和輪調，因坻達、須深、憍日兜。
比丘比丘尼及清信士，奉玄妙法神德具。
常以經法哀愍世間，宣暢大乘經普流傳。
賢護菩薩等八賢，五百人中稱英雄。
常當奉持大乘經，於世俗一切無貪著。
得微妙樂除衆苦，百福之體相莊嚴。
常行慈悲哀憫度衆生，使得安隱滅除諸煩惱。
壽終之後生法家，不復歸於三惡道。
世世相隨常和合，得無上菩提最勝事。
已棄捐於八難處，遠離一切諸惡道。
其功德行無邊際，所受福祐無法估量。
復當得見彌勒佛，於彼常起歸依心。
恭敬供養生平等慈悲哀憫心，唯求無上清淨道。
其時此輩共和同，正意奉事人中尊。

不倚俗事得法忍，速達無上菩提道。
彼常奉持此經法，夜以繼日勸諷誦。
廣積功德行清淨，遇彌勒時義如此。
於此賢劫所興佛，廣利世間如燈放光明。
所在之處護正法，誠心奉事三世佛。
處處悉心供養佛，見三世佛除去一切毒。
當速修得菩提道，不可思議無限量。
若中有身前得佛道，後人輾轉相供養。
將來無數億劫後，於此終竟乃斷絕。
於是居士如賢護，羅憐那竭、那羅達，
及須薩和憍日兜，曾見諸佛多如恆沙。
常當奉事佛正法，廣泛傳播諸佛無億數。
功德無量不可計，至於無數億劫中。
若有衆生受持佛名號，或於醒時及夢中。

能勇猛精進引導世人如獅子，彼輩皆得無上佛菩提。
如能面見及聽聞，真能信敬及隨喜，
皆得成佛無疑慮，何況奉持供養佛者？
如果怨恨及謾罵，懷惡意向捶打人者，
受此八人威神恩，尚且得成佛何況恭敬禮佛者？
彼所受法不可思議，稱名功德無量壽無量。
利益廣大無窮盡，功德智慧不可知。
常得面見無量佛，清淨持戒如恆河沙。
於是廣為行布施，以求無上佛菩提。
如此功德不可數，多劫宣說難窮盡。
受持此經誦習者，達菩提道不再難。
如有愛樂此經卷，受持諷誦講說者，
五百人如人中白蓮花，其心愛樂終不疑。
假使施得此經法，愛樂道義更精進。

行清淨戒除睡眠，入此定門終不難。
欲得安隱傳播經戒，比丘受學在道場。
常行乞食知止足，得此定門終不難。
脫離鬧市不受請，不貪美味捨棄愛欲。
從師聽聞此經法，敬奉善師如世尊。
除去貪吝受此法，斷絕淫欲擯棄愚癡。
發起菩提心終無疑，然後奉持此定門。
行無執著捨貪欲，常自謹慎無怨恨。
精進奉行佛法教，然後奉持此定門。
不貪著男女及所有物，遠離驕傲怠慢及妻妾。
居家學道常懷慚愧心，然後學誦此經法。
無賊害心行為柔順，捨除毀謗譏笑等惡習。
不用色求得堅持之力，常善諷誦此法門。
若比丘尼學此法，常當恭敬棄驕慢。

捨離調戲及自傲，得此定門終不難。
常行精進除睡眠，破除我執與物欲。
愛樂佛法不惜命，然後學誦此定門。
制止淫欲意不執著，無怨恨心不諂媚。
終不再墮魔鬼羅網，持奉此法得如此。
於諸衆生行平等，除去放逸掃塵埃。
性不粗暴及惡語，然後能奉持此法門。
華麗衣服及塗薰，不得須臾有貪愛。
尊敬善師視如佛，然後學誦此定門。
所生永離衆惡道，深信樂於奉行佛法教。
遠離一切八難處，持此佛立定門得如此。

原典

般舟三昧經授決品第七❶

颰陀和菩薩問佛：「少有及者，天中天、怛薩阿竭❷，乃說是三昧，諸菩薩所樂精進行，無有懈怠於阿耨多羅三藐三菩提。佛般泥洹後，是三昧者，當在閻浮利❸內不？」

佛告颰陀和菩薩：「我般泥洹後，是三昧者，當現在四十歲，其後不復現。卻後亂世佛經且欲斷時，諸比丘不復承用佛教。然後亂世時，國國相伐，於是時是三昧當復現閻浮利內，用佛威神故，是三昧經復出也。」

颰陀和菩薩、羅憐那竭菩薩從坐起，正衣服，叉手於佛前白佛：「佛般泥洹後亂世時，我曹共護是三昧，持是三昧，具足爲人說之，聞是經卷無有厭極時。」

摩訶須薩和菩薩、憍日兜菩薩、那羅達菩薩、須深菩薩、因坻達菩薩、和輪調菩薩共白佛言：「佛般泥洹去，卻後亂世時，是經卷者，我輩自共護持，使佛道久在。

其有未聞者，我輩當共爲說，教授是深經。世間少有信者，我曹悉受之。」

時，五百人從坐起，比丘、比丘尼、優婆塞、優婆夷，皆叉手於佛前，往白佛：「佛般泥洹後亂世時，聞是三昧，悉自持護願持。我五百人囑累是八菩薩。」

時，佛笑，口中金色光出，至十方不可計佛國，悉照明，還繞身三匝，從頭上入。阿難從坐起，更披袈裟，前至佛所爲佛作禮，卻住叉手以偈讚曰：

其心清淨行無穢，神通無極大變化。
已過諸礙超衆智，光明除冥去垢塵。
智慧無量心普解，佛天中天鷗鴨音❹。
一切外道莫能動，何緣而笑出妙光？
願正真覺為解說，慈愍一切衆生尊。
若有聞佛柔濡音，解釋達聖化俗行。
世尊所感非唐舉，衆聖導師不妄笑。
今者誰當在決❺中？世雄願為解此意。
今日誰住道德堅，誰當逮得與妙行？

誰今受得深法藏？無上道德衆所歸。
今日誰當愍世間，誰當奉受是法教？
誰堅立於佛智慧？世尊願為解說之。

佛爾時爲阿難說偈言：

佛語阿難汝見不，五百人等在前立。
其心歡然歌頌曰，我等亦當逮是法。
顏色和悅敬視佛，我等何時得如是！
皆悉踈立嗟嘆佛，我輩會當逮如是。
五百人等今現在，名字雖異本行同，
常樂奉受是深經，於當來世亦復然。
今我囑累告汝等，佛慧無量知彼本。
是等不獨見一佛，亦不立此得其慧。
徹照彼之宿世命，以曾更見八萬佛。
五百人等存在道，常解經義勉行成。

勸助無數諸菩薩，常行慈哀護經法。
勸化一切衆人民，悉令逮得大道行。
知見過去諸世尊，睹八十億那術數。
名德普大脫於心，擁護是法三轉行。
現世於此受我教，分布供養是舍利。
安諦受習佛所化，皆悉諷誦有所付。
著於塔寺及山中，若付天龍乾陀羅❻。
各各轉授經卷已，壽命終訖生天上。
天上壽盡還世間，各各而生異種姓。
當復取此佛道行，分別是經如所願。
用愛樂斯經法故，求輒得之持奉行。
令無數人得聽聞，欣踴難量心無等。
是等黠慧不厭法，非貪軀體及壽命。
降伏一切諸外道，授與經法弘其志。

是經法者無能得，及持諷誦講說者。
今四輩人住我前，五百之衆能堪持。
是八菩薩跋陀和，羅憐那竭那羅達，
摩訶須薩和輪調，因坻須深憍日兜。
比丘及尼清信士，奉玄妙法上義句。
常以經道哀世間，宣暢方等普流化。
跋陀和等八菩薩，於五百衆為英雄。
常當奉持方等經，於世之俗無所著。
釋一切縛解空慧，紫磨金色百福相。
恆行慈哀度衆生，施以安隱滅諸塵。
壽終之後生法家，不復歸於三惡道。
世世相隨常和協，然後逮得尊佛道。
已棄捐於八難❼處，遠離一切諸惡道。
其功德行莫能稱，所受福祐無能量。

當復值見彌勒佛❽，咸同一心往自歸。
悉共供養等慈哀，逮於無上寂滅句。
其心僉然而和同，正意奉事人中尊。
不倚俗事得法忍❾，疾逮無上大道行。
彼常奉持此經法，夙興夜寐而諷誦。
殖衆功德修梵行，睹彌勒時義若此。
於是賢劫所興佛，慈哀世間放光明。
每所在處普持法，奉事去來現在佛。
皆悉供養諸世雄，見三世尊無衆毒。
當疾逮得尊佛道，不可思議無有量。
中有前得佛道者，後人展轉相供養。
不可計劫那術❿數，如是終竟乃斷絕。
於是居士跋陀和，羅憐那竭那羅達，
及須薩和憍日兜，曾見諸佛如恆沙。

常當奉事正法化，宣布諸佛無億教。
道行⓫無量不可稱，至於無數億劫中。
假使有人受持名⓬，所周旋處若夢中。
如是勇猛導世間，皆當逮得無上道。
若有睹見及聞聲，其心欣然踴躍者。
皆得佛道不復疑，何況奉受供養者。
若瞋恚之及罵詈，持惡意向撾捶者。
於是八人威神恩，尚使得佛況恭敬。
彼所受法不可議，名稱無量及壽命。
光明無限德無疑，智慧無量行亦然。
常得面見無量佛，清淨之戒如恆沙。
於是廣普行布施，以用求索無上道。
無數億劫說其福，莫能齊限厥功德。
受是經法誦習者，逮於大道不復難。

其有愛樂此經卷，受誦諷持講說者。
當知五百人中人⓭，其心愛樂終不疑。
假使施得是經法，愛樂道義加精進。
行清淨戒除睡臥，逮是三昧終不難。
欲獲安隱布經戒，比丘受學在閑居。
常行分衛⓮知止足，逮是三昧終不難。
捨離衆鬧不受請，口莫貪味棄愛欲。
所從聞是經法者，敬如世尊常供事。
除去慳貪受是法，斷絕淫欲棄愚癡。
發起大道心無疑，然後學行是三昧。
行無所著捨諸欲，常自謹慎棄恚恨。
精進奉行佛法教，然後受學是三昧。
不貪男女及所有，遠離憍慢並妻妾。
居家修道常慚愧，然後學誦是三昧。

無賊害心行柔順，不樂謗訕捨諸惡。
不用色求得法忍，當善諷誦是三昧。
若比丘尼學是法，常當恭敬棄憍慢。
遠離調戲及貢高，得是三昧不復難。
常行精進除睡臥，不計吾我諸人物。
愛樂法者不惜命，然後學誦是三昧。
制淫逸意捨所著，無瞋恚心棄諛諂。
終不復墮魔羅網，持是三昧得如是。
於諸衆生行平等，除去放逸衆塵埃。
性無卒暴及粗言，然後學誦是三昧。
於鉢震越及衣服，不得須臾有貪愛。
尊敬善師視如佛，然後學誦是三昧。
以逮善利離惡道，一心信樂佛法教。
遠離一切八難處，持是經者得如是。

注釋

❶「七」，原誤為「十」，據上下文義改。

❷**怛薩阿竭**：即如來。見〈行品〉注❹。

❸**閻浮利**：即閻浮提。見〈譬喻品〉注❶。

❹**鶡鴨音**：鶡鴨當為鶡鶡，又作歌羅頻伽、迦陵頻伽，即妙聲鳥的聲音。此鳥本在雪山，在鷇中即能鳴，其音和雅，聽者無厭。

❺**決**：指義理的決定，為印度正理學派所創立的十六種認識及推理論證方式之一——決諦。

❻**天龍乾陀羅**：天龍，即諸天與龍神，為八部眾之二眾。乾陀羅，即香神，為八部眾之一。《賢護》譯作「天龍及金鳥」。

❼**八難**：指見聞佛法的八處障難。一、地獄；二、餓鬼；三、畜生；四、北拘盧洲，因為樂報殊勝，總無苦惱，故難見佛法；五、長壽天，色界、無色界長壽安穩之處；六、聾盲瘖啞；七、世智辯聰；八、佛前佛後。

❽**彌勒佛**：指從佛受記將繼釋迦佛位爲未來佛的菩薩。原出生於婆羅門家庭，後爲佛弟子，先佛入滅；上生於兜率天內院，經四千歲當下生人間，於華林園龍華樹下成佛，廣傳佛法。

❾**法忍**：謂對於諸經所說微妙幽深之法義能不驚怖，且能勤學讀誦，而安住於教法之眞理中。

❿**那術**：又譯作那術多、那由他。那由多爲千億、百萬或兆。

⓫**道行**：指修道的功行。

⓬**受持名**：即受持佛菩薩的名號。念佛修淨土的人即受持阿彌陀佛的名號，求生淨土。故念佛的人叫持名行者。

⓭**人中人**：即對念佛行者的五種美稱之一。《觀無量壽經》把他們譬爲人中白蓮花。

⓮**分衛**：即乞食。以乞得之食物分給衆比丘、比丘尼，以護衛他們修道。

擁護品第八——修佛立定龍天護衛

譯文

1八菩薩以珍寶、己身供養佛

賢護菩薩、羅鄰那竭菩薩、憍日兜菩薩、那羅達菩薩、須深菩薩、摩訶須薩和菩薩、因坻達菩薩、和倫調菩薩八位菩薩聽佛說經，都十分歡喜，持五百件棉織的上等僧衣，各種珍寶布施，乃至用自己的身體供養佛。

佛告訴阿難：「賢護菩薩等八人，是五百菩薩之師，常持中道正法，用以教化勸導衆人，令衆歡喜，衆人即得隨順之心、眞實之心、清淨之心、離欲之心。」這時，五百人都叉手站立佛面前。

2如法修行不信外道

賢護菩薩告訴佛說：「世尊，菩薩應當具足幾個方面的條件才能得此念佛修定法門？」

佛說：「菩薩有四方面的條件，才能得此法門。哪四個呢？第一、不信外道；第二、斷絕愛欲；第三、依法修行；第四、對生命不貪圖執著。具備這四點，就能很快得此念佛法門。」

3學此三昧諸天擁護

佛告訴賢護：「如果菩薩修學此定，能奉持、諷誦、遵守，今生就能得五百功德。譬如，賢護菩薩，有仁慈之心的比丘，終不會中毒，終不會被兵器殺傷、大火所燒，掉入水中也不會淹死，惡官也不能損害他。菩薩能修持此法門的人，都能如此，不會中毒，不爲刀兵所傷、不被火燒、水淹、惡官也不能損害他。比如，賢護菩薩，在大劫將到盡頭，即將被燒毀時，持此法門的菩薩，即使墮落大火中，火也會被撲滅。

好比大醫的水能滅小火一樣。」

佛告訴賢護：「我所說的沒有什麼特殊的。凡是菩薩持此法門，不管是帝王、賊，還是水、火、龍、蛇、夜叉鬼神、猛獸、毒蟒、蛟龍、獅子、虎、狼、狗、人、似人非人、鬼神，在他們想嬈亂人，想殺人，想奪人衣鉢，破壞別人入定、擾亂人的正念時，總不能傷害到這些菩薩。」

佛說：「我所說的莫非如此，除了受其先世的業報，不能逆轉外，無不如此。」佛說：「我說的無不是如此。如果有菩薩修持此法門，總不會生眼病，耳、鼻、口、身都無病，其心終不受干擾，不會遭到災難。如果這些菩薩臨終或生命垂危時，有這些病患，那一定是宿世的因緣所造成的，不然是不會有這些病患的。

「再次，賢護，這些菩薩還會受到諸天、龍神、夜叉鬼神的稱譽，受到阿修羅、迦留羅、眞陀羅鬼神、摩睺勒鬼神、人以及非人、佛的稱譽。

「再次，賢護，這些菩薩爲諸天所保護，爲諸龍、四天王、帝釋天、梵天的護佑，受到夜叉鬼神、乾陀羅鬼神、阿修羅鬼神、迦留羅鬼神、眞陀羅鬼神、摩睺勒鬼神、人非人的擁護，諸佛也擁護這些菩薩。

「再次，賢護，這些菩薩會受到諸天的敬愛，受到諸龍、夜叉、鬼神、乾陀羅鬼神、阿修羅鬼神、迦留羅鬼神、眞陀羅鬼神、摩睺勒鬼神、人非人的敬愛，諸佛本來已離開了愛欲，因爲純粹道德的原因，也敬愛這些菩薩。

「再次，賢護，這些菩薩諸天皆想見到他們，諸龍、夜叉、鬼神、乾陀羅鬼神、阿修羅鬼神、迦留羅鬼神、眞陀羅鬼神、摩睺勒鬼神、人非人，都樂於見到他們，諸佛爲了普度衆生的緣故，都想接他們到佛教的道場去。

「再次，賢護，諸天、龍、夜叉、鬼神、乾陀羅鬼神、阿修羅鬼神、迦留羅鬼神、眞陀羅鬼神、摩睺勒鬼神、人非人，都來到這些菩薩的住所，與他們相見。至於諸佛，這些菩薩不但白天見到，晚上睡夢中都能見到諸佛，諸佛各自說出他們的名字。

「再次，賢護，這些菩薩在住所沒有誦經，以前也沒有聽到經卷，但憑著念佛定的威神力量，夢中皆曉得經卷的名稱，各各都能聽到誦經的聲音，如果白天聽不到，晚上夢中也能聽到。」

佛告訴賢護：「即使用一劫、二劫那麼久遠的時間，我來說菩薩修持念佛定法門的功德也說不完，更何況努力求得此法門的無盡功德呢！」佛這時念了下面的偈語：

若有菩薩學誦此，佛說念一切佛立定，
讚歎不盡其功德，猶如無邊恆河沙。
刀劍長矛不能傷，盜賊怨家不能害。
王公大臣喜悅歸向，學此法門得如是。
大蛇含毒確實可怕，見修行人毒速除，
不再怨恨吐惡氣，誦此法門得如此。
冤家仇人莫能擋，天龍、鬼神人非人，
見其威光皆沈默，學此法門得如是。
山野惡狼及蟒蛇，獅子猛虎及野牛，
無傷害心收斂其毒焰，都來護衛此行者。
鬼神惡煞勾人魂，諸天人民擔心受害。
感其威神自然馴伏，學此法門得如此。
其人不生病無苦痛，耳聰目明無障礙。
能言善辯智慧稱殊勝，行此法門速達此。

其人終不墮地獄，離餓鬼畜生諸惡道。
世世所生知因果，學此法門得如此。
鬼神龍神共擁護，諸天人民亦讚同，
阿修羅摩睺羅也來護衛，行此法門得如此。
諸天都來頌其德，天人龍鬼與人非人。
諸佛讚歎使你都如願，為人諷誦說經的緣故。
其人道意不退轉，久遠世佛法慧之義永無盡。
姿容美貌無法比，誦習此經開示教化人。
國家爭端民荒亂，饑餓至極人民受苦窮。
終不於中夭其命，必因誦經化度人。
勇猛降伏諸魔事，心無所畏毛不豎。
其功德行不可量，奉持此經得如是。
妖蠱幻化及符書，穢濁邪道不正行。
終無有能危害者，只因愛樂佛法達本故。

一切都來歌頌其功德，具足解空智慧是佛子。
於後將來最末世，親手得此經必如此。
常行精進懷喜悅，同心和悅奉此經。
受持經卷勤諷誦，今我以此為彼說。

原典

颰陀和菩薩、羅鄰那竭菩薩、憍日兜菩薩、那羅達菩薩、須深菩薩、摩訶須薩和菩薩、因坻達菩薩、和倫調菩薩，見佛所說，是八菩薩皆大歡喜，持五百劫波育錦衣❶，持珍寶布施，持身自歸供養佛。

佛語阿難：「是颰陀和等，於五百菩薩人中之師，常持中正法，合會隨順教莫不歡喜者，歡樂心、隨時心、清淨心、卻欲心。」是時，五百人皆叉手立佛前。

颰陀和菩薩白佛言：「菩薩持幾事得是三昧？天中天！」

佛言：「菩薩有四事疾得是三昧。何等爲四？一者不信餘道；二者斷愛欲；三者如法行；四者無所貪生。是爲四，菩薩疾得是三昧。」

佛告跋陀和：「若有菩薩學是三昧者，若持若誦若守，今世即自得五百功德。譬如，跋陀和，慈心比丘終不中毒，終不中兵，火不能燒，入水不死，帝王不能得其便。如是菩薩守是三昧者，終不中毒，終不中兵，終不爲火所燒，終不爲水所沒，終不爲帝王得其便。譬如，跋陀和，劫盡壞燒時，持是三昧菩薩者，正使墮是火中，火即爲滅。譬如大罌水滅小火。」

佛告跋陀和：「我所語無有異。是菩薩持是三昧者，若帝王、若賊、若水、若火、若龍、若蛇、若閱叉鬼神❷、若猛獸、若大蟒、若蛟龍、若師子、若虎、若狼、若狗、若人、若非人、若伽獿、若薜荔、若鳩洹鬼神❸，若欲嬈人、若欲煞人、若欲奪人鉢震越，若壞人禪、奪人念，設欲中是菩薩者，終不能中。」

佛言：「如我所語無有異，除其宿命所請，其餘無有能中者。」佛言：「我所語無有異。若有菩薩持是三昧者，終不病目，若耳鼻口身體無病，其心終不憂，終不厄。是菩薩若死若近死，設有是患者，佛語爲有異，除其宿命所作。

「復次，跋陀和，是菩薩諸天皆稱譽，諸龍皆稱譽，諸閱叉鬼神皆稱譽，諸阿須輪皆稱譽，迦留羅鬼神、眞陀羅鬼神、摩睺勒鬼神、若人非人，皆稱譽是菩薩。諸佛天中天皆稱譽是菩薩。

「復次，跋陀和，是菩薩爲諸天所護，爲諸龍所護，四天王❹、釋提桓因❺、梵三鉢天❻皆護是菩薩，閱叉鬼神、乾陀羅鬼神、阿須倫鬼神、迦留羅鬼神、眞陀羅鬼神、摩睺勒鬼神、若人非人，皆共擁護是菩薩，諸佛天中天皆共擁護是菩薩。

「復次，跋陀和，是菩薩爲諸天所敬愛，諸龍、閱叉鬼神、乾陀羅鬼神、阿須倫鬼神、迦留羅鬼神、眞陀羅鬼神、摩睺勒鬼神、若人非人，皆共敬愛是菩薩，諸佛天中天皆無有愛欲，以道德故皆復敬愛是菩薩。

「復次，跋陀和，是菩薩諸天皆欲見之，諸龍、閱叉鬼神、乾陀羅鬼神、阿須倫鬼神、迦留羅鬼神、眞陀羅鬼神、摩睺勒鬼神、若人非人，皆思樂欲見是菩薩，諸佛天中天皆各各欲使是菩薩往到其所，用人民故欲使往。

「復次，跋陀和，是菩薩諸天皆來至其所，諸龍、閱叉鬼神、乾陀羅鬼神、阿須輪鬼神、迦留羅鬼神、眞陀羅鬼神、摩睺勒鬼神、若人非人，皆來至是菩薩所，與共相見。諸佛天中天，菩薩不但晝日見，夜於夢中，若見諸佛身，若諸佛各各自說其名字。

「復次，跋陀和，是菩薩所未誦經，前所不聞經卷，是菩薩持是三昧威神，夢中悉自得其經卷名。各各悉見悉聞經聲，若晝日不得者，若夜於夢中悉見得。」

佛告跋陀和：「若一劫，若復過一劫，我說是菩薩持是三昧者，說其功德不可盡竟，何況力求得是三昧者？」佛爾時頌偈言：

若有菩薩學誦是，佛說三昧寂定義。
假使欲嘆其功德，譬如恆邊減一沙。
刀刃矛戟不中傷，盜賊怨家無能害。
國王大臣喜悅向，學此三昧得如是。
蚖蛇❼含毒誠可畏，見彼行者毒疾除。
不復瞋恚吐惡氣，誦是三昧得如是。
怨讎嫌隙莫能當，天龍鬼神真陀羅❽。
睹其威光皆嘿然，學此三昧得如是。
山野弊狼及大蟒，師子猛虎鹿狐玃。
無傷害心攝藏毒，悉來親護是行者。

弊惡鬼神將人魂，諸天人民懷害心。
感其威神自然伏，學此三昧得如是。
其人不病無苦痛，耳目聰明無闇塞。
言辭辯慧有殊傑，行三昧者逮是。
其人終不墮地獄，離餓鬼道及畜生。
世世所生識宿命，學此三昧得如是。
鬼神乾陀共擁護，諸天人民亦如是。
並阿須倫摩睺勒，行此三昧得如是。
諸天悉共頌其德，天人龍鬼真陀羅。
諸佛嗟嘆令如願，諷誦說經為人故。
其人道意不退轉，法慧❾之義而無盡。
姿顏美艷無與等，誦習此經開化人。
國國相伐民荒亂，饑饉薦臻懷苦窮。
終不於中夭其命，能誦此經化人者。

勇猛降伏諸魔事，心無所畏毛不豎。
其功德行不可議，行此三昧得如是。
妖蠱幻化及符書，穢濁邪道不正行。
終無有能中其身，用愛樂法達本故。
一切悉共歌其德，具足空慧佛尊子。
然後當來最末世，手得是經得如是。
常行精進懷喜踴，用心和悅奉此法。
受持經卷講諷誦，今我以是為彼說。

注釋

❶**劫波育錦衣**：指棉布衣，為比丘能穿的十種衣之一。

❷**閱叉鬼神**：又名夜叉、藥叉、捷疾鬼、勇健。能傷害人，飛行空中，攝地行類諸羅剎。

❸**伽獶、薜荔、鳩洹鬼神**：當指四天王所領之八類鬼神，如乾闥婆（香神、樂神）、

薜荔多（餓鬼）、鳩槃茶（厭魅鬼）等。

❹**四天王**：指東方持國天王、西方廣目天王、南方增長天王、北方多聞天王。即護世四天王，亦稱四大金剛。

❺**釋提桓因**：即天主、帝釋天。

❻**梵三鉢天**：即應天王、梵天王、梵摩三鉢。

❼**蚖蛇**：又叫四蚖蛇，比喻地水火風之四大相諍，能令人身死，如毒蛇一樣。

❽**眞陀羅**：又作甄陀羅、緊那羅，天名，原譯作人非人、人疑神，後譯爲歌神，即樂神名，八部衆之一。似人而有一角，故號人非人，天帝法樂神，居十寶山。有微妙音響，能作歌舞，男則馬首人身能歌，女則端正能舞，次此天女，多與乾達婆天爲妻室也。

❾**法慧**：指過去世五十三佛之一。五十三佛即阿彌陀佛之師世自在王佛以前的五十三位佛。見《無量壽經》（曹魏康僧鎧譯）。

羼羅耶佛品第九——參無畏王修此定

譯文

1參無畏王修定成佛

佛告訴賢護：「過去無限久遠的時代，有佛名叫無畏王、如來、應供、等正覺、正遍知，在世間有極崇高的地位，安住於世間，對於經義十分明了，天上天下，稱爲至尊。這時有一位長者的兒子，叫須達（善給）。與二萬人一起來到無畏王佛的住所，向佛作禮，然後坐在一邊，長者子善給向佛請教如何修持此念佛法門。無畏王佛知道善給深信佛法，便爲他講誦念佛定法門。善給聽後，十分歡喜，受持諷誦此經出家修學此定門，有八萬歲。那時，長者子善給從佛那裏聽聞很多佛經，從無數佛那裏聽佛經，有很高的智慧。善給後命終，生於三十三天上，又從天上下生人間。

「這一劫中還有一位佛，名電德如來。出生於刹利種家。這時，長者子善給又到電德如來住所聽聞此念佛定法門，跟隨他出家求法。善給還遇到從婆羅門家出生的光王如來，跟隨他出家修行，在八萬四千年中守持這念佛定法門。」佛告訴賢護：「長者子善給自此後過八萬劫得成佛，名燃燈。這時，長者子善給爲人高明勇猛，智慧廣大。」

佛說：「見此法門沒有？賢護，有如此愛樂於法，才有如此的求法之行。假如有人欲求得佛道，得此念佛定法門，應當學誦、奉持、教人、遵守此法門。如此才能不久成就佛道。你們知道嗎？賢護，此法門，是諸菩薩的眼睛，諸菩薩的母親，成爲諸菩薩的歸宿，爲大家所尊仰，諸菩薩一切智慧、功德從此而生。你知道嗎？賢護，這個念佛定法門，能離一切諸法黑暗，能使天上天下大放光明。你知道嗎？賢護，菩薩所修的這個法門，是諸佛的寶藏，是諸佛所住持的地方，是珍寶大海的源頭，是無量功德的匯聚，能增進慈悲、菩提智慧之寶典。應當知道，這些都是修持念佛法門的結果。

2觀想念佛得觀慧

「因此，如果要從修持此法門而成佛，應當聽經專心精勤觀察四念處。什麼叫四念處？第一、當專心觀察自身，觀察他人身，知自身、他人身，一切本無，畢竟不見；第二、專心觀察自己對痛癢的感受、他人對痛癢的感受，知自己、他人此種感受，都不是眞實存在的；第三、專心觀察自己的意識、他人的意識，知自己、他人的意識，畢竟不存在；第四、專心觀察自己的法行、他人的法行，知道自己、他人的法行，都是沒有自性的。」

3見聞佛法不執著

佛告訴賢護：「這念佛法門，誰能信受奉行？只有如來、不退轉菩薩、阿羅漢才相信。如果有人被愚癡迷惑心竅的話，那麼他就會離一切佛站立面前法門很遠。爲什麼呢？這個法門應當常常念佛，才能見到佛。」

佛告訴賢護：「菩薩應當念佛、觀想佛、聽聞經典，不應當有所執著。爲什麼？

諸法皆空，本來無生。爲什麼？因爲諸法本無所有，本無所念，從此法中本來也不得到什麼，所以對什麼都不要執著。好比虛空非常清淨，這法也是清淨的。諸法都是人們妄想而成，本無所有。法本無所有，憑藉種種因緣而爲有，本性是空的、涅槃寂靜的。因此，諸法無所有，本來無所從來，也無所從而去。人們本來也沒有這個法，對此不執著就接近正法，對此有所執著，就離正法越來越遠。」

佛告訴賢護：「如果有守此念佛法門的人，就應觀想而入什麼都無所想的狀態之中，見佛念佛，守住正覺，聽經念法。守正覺，就是不對自我、對萬法有所執著。爲什麼？賢護，有意識守正覺，就不能見佛；有所執著，即使有一絲一毫，也不能得到正法。施捨他人而圖福報，不是布施；持戒有所希求別人讚揚，就不是持淸淨戒；貪著於法，就不能達到涅槃清淨境界；對於經典阿諛、諂媚，也不算高明；樂於世俗的聚會，對外道感興趣，始終無法有正確的行持；有所要求中遇到難處，即憤恨、怨怒，就不能忍耐、忍辱負重；有有所憎惡的偏頗，就不能勸說他人行於正道。善求阿羅漢道者，不能由此見道，現在一切佛都立在面前的法門也達不到。諸法無所從來，立足於此，就能產生法樂；有所執著，就不能悟空理。菩薩不能有貪心與吝嗇，有鬆懈、怠惰，一定不能得道；有淫泆，就不能入於觀行；有所繫念，就不能入定。」佛這時說偈語道：

此等功德不可計，奉戒具足無污穢。
其心清淨遠離塵垢，修此法門得如是。
設有持此佛立定門，智慧倍增無缺陷。
多聞通達衆義常不忘，功德圓滿如明月。
如有受持此法門，得見諸佛識見不可思議理。
通曉無量之道法，無數天神護其德。
如有修持此法門，常見十方諸佛現面前。
聽無數佛講經法，則能受持普遍修供養。
如有持此定門者，惡罪勤苦皆除滅。
諸佛慈悲哀憫衆生，都共同讚歎此菩薩。
假使菩薩想見到，將來無數佛世尊。
一心踴躍住持正法，當學諷誦此法門。

如果有修得此定門，其功德福難以估量。
待得人身最第一，常得出家乞食千家飯。
如能於末法時代得此經，得功德利堪稱第一。
得其福報無限量，受持此法門應當得如此。

原典

佛告跋陀和：「乃往昔時不可計阿僧祇劫，爾時，有佛名羼羅耶佛怛薩阿竭阿羅訶三耶三佛❶，於世間極尊，安定於世間，於經中大明，天上天下號曰天中天。爾時，有長者子名須達❷，與二萬人俱，來至羼羅耶佛所，爲佛作禮，卻坐一面，須達長者子問羼羅耶佛是三昧。羼羅耶佛知須達長者子心所念，便爲說是三昧。須達長者子聞是三昧已，大歡喜，即悉諷受得作沙門，求是三昧八萬歲。時，長者子須達從佛聞經甚衆多，悉從無央數佛聞經，其智慧甚高明。長者子須達其後壽終，生忉利天❸上，以後復從天上來下生世間。

「爾時，故劫中復有佛，名術闍波提怛薩阿竭阿羅呵三耶三菩❹。時，佛在刹利

❺家生。爾時，長者子須達復於佛所聞是三昧，復求之。時，長者子須達其後復於故劫中復有佛，名賴毘羅耶❻怛薩阿竭阿羅呵三耶三佛，波羅門❼種。時，長者子須達復於佛所受是三昧，求守八萬四千歲。」佛告跋陀和：「長者子須達卻後八萬劫得作佛，名提和竭羅❽。爾時，長者子須達爲人高明勇猛，智慧甚廣。」佛言：「見是三昧不？跋陀和，饒益乃爾，使人成就得佛道。若有菩薩得是三昧者，當學誦、當持、當教人、當守。如是者得佛不久。若曹知不？跋陀和，是三昧者，是菩薩眼，諸菩薩母，諸菩薩所歸仰，諸菩薩所出生，若知不？跋陀和，是三昧者，破去於冥，明於天上天下，若知不？跋陀和，是菩薩三昧者，是諸佛之藏，諸佛之地，是珍寶淵海之泉，是無量功德之鎮益❾，明哲之經，當作是知三昧所出。

「如是從是中出佛，聞經正立於四意止中。何等爲四意止中？一者自觀身，觀他人身，自觀身觀他人身者，本無身；二者自觀痛癢，觀他人痛癢，自觀痛癢觀他人痛癢者，本無痛癢；三者自觀意，觀他人意，自觀意觀他人意者，本無意；四者自觀法，觀他人法，自觀法觀他人法者，本無法。」

佛告跋陀和：「是三昧誰當信者？獨怛薩阿竭阿羅呵三耶三佛、阿惟越致、阿羅漢乃信之耳。有愚癡迷惑心者，離是現在佛前立三昧遠。何以故？是法當念佛、當見佛。」

佛告跋陀和：「是菩薩當念佛、當見佛、當聞經，不當有著。何以故？佛本無是法，無所因。何以故？本空無所有，各各行法念，是法中無所取，是法無所著。如空等甚清淨，是法人所想，了無所有，無所有，是法假所因者空寂耳，如泥洹。是法無所有，本無，是法無所從來，亦無所從去。人本無是法，不著者近，有著者遠。」

佛告跋陀和：「若有守是三昧者，因想入無想中，見佛念佛，守覺聞經念法。守覺不得念我，不得著法。何以故？有守覺。跋陀和，有守覺不見佛；有所著如毛髮不得法。施他人有所希望爲不施；持戒有所希望爲不淨；貪於法不得泥洹；於經中有諛諂，不得爲高明；樂於衆會中，喜於餘道，終不能得一行；於欲中念難，有瞋恚不能忍辱，有所憎惡不得說他人。善求阿羅漢道者，不得於是見，現在佛悉在前立三昧中不逮。無所從來，生法樂，於中立；有所著不得空。菩薩終不得慳貪，有懈怠不得道，有淫泆不入觀，所有念不入三昧。」佛爾時頌偈言：

是等功德不可計，奉戒具足無瑕穢。

其心清淨離垢塵，行此三昧得如是。
設有持是三昧者，智慧普大無缺減。
博達衆義常不忘，功德之行如月明。
設有持是三昧者，解了覺意不可識。
曉知無量之道法，無數諸天護其德。
設有持是三昧者，常自面見無數佛。
聞無量佛講說法，輒能受持念普行。
設有持是三昧者，惡罪懃苦⑩皆滅除。
諸佛於世行愍哀，悉共嗟嘆是菩薩。
假使菩薩欲睹見，當來無數佛世尊。
一心踴躍住正法，當學諷誦是三昧。
其有持是三昧者，其功德福不可議。
逮得人身最第一，出家超異行分衛。
若有末後得是經，逮功德利最第一。

得其福祐不可限，住是三昧得如是。

注釋

❶**羼羅耶佛怛薩阿竭阿羅訶三耶三佛**：羼羅耶佛，即無畏王佛。參《賢護》之譯。怛薩阿竭爲如來；阿羅訶爲應供；三耶三佛爲正遍知；爲佛十號之三號。

❷**須達**：又作須達多、蘇達多，今譯爲善與、善給、善授、善溫等。

❸**忉利天**：欲界六重天之二，譯作三十三天，帝釋天爲中央，四方各有八天，故名三十三天。在須彌山之頂上。

❹**術闍波提怛薩阿竭阿羅呵三耶三菩**：即第二如來，名電德如來、應供、等正覺。參《賢護》。

❺**刹利**：即刹帝利，爲古代印度四種姓的第二等，即王族及士族。但佛典中稱刹利爲第一位種姓。

❻**賴毘羅耶**：即第三如來，名光王如來。參《賢護》。

❼**波羅門**：意爲清淨。印度第一種姓。婆羅門教、印度教稱之爲「人門之神」。是古

印度一切知識的壟斷者，自認爲是印度社會的「最勝種姓」。從事修行的婆羅門稱爲梵志。

❽**提和竭羅**：又譯作提洹竭，即燃燈如來。又稱燃燈佛、普光佛、錠光佛。

❾**鎮益**：義不詳。疑原文「是無量功德之鎮益，明哲之經」，當作「是無量功德之鎮，益明哲之經」。鎮即匯集，益即增進。《賢護》此句正作「是無盡藏顯頭陀功德」，「是能生大慈，能生大悲，能生菩提也」。生即增進。

❿**惡罪懃苦**：懃即勤。指所犯的罪惡及所遭受的辛勞、困苦。

3卷下

請佛品第十——供養佛時請教修佛立定

譯文

1莊嚴王舍城供養佛

賢護菩薩整理一下衣服，長跪向佛作禮，叉著手對佛說：「我想請佛和各位出家大德，明日到舍下飲食，願我佛哀憫，同意我的請求。」佛及出家僧人都默默答應受請。賢護菩薩知道佛已受請，站起來到波喻提大比丘尼的住所，告訴她說：「請接受我的請求，明天請您和尼衆都到我家接受供養。」波喻提大比丘尼等即接受邀請。賢護菩薩對羅憐那竭菩薩說：「賢弟，待會到佛所請所有從王舍城等城邑新來聽法的人，明天請都到我家接受供養。」羅憐那竭菩薩到了佛的住所，向佛施禮，長跪叉手對佛說：「我聽說賢護菩薩請佛及所有新來聽法的人明天到他的住所接受供養，請佛哀憫，滿足他的請求。」賢護菩薩、羅憐那竭菩薩等八位，都向佛作禮，向出家僧衆作禮，然後離開佛的住所，回到王舍城，到賢護菩薩家，共同幫助操辦供養事宜。四天王、帝釋天、大梵天都一起來，幫助賢護菩薩一起準備飯食。

這時，賢護菩薩親屬善友等都一起裝飾王舍城，拿出無數美妙的幡蓋帳蓬，在全國進行佈置，大街小巷都加以佈置，一國中都佈滿香花和燒各種香，作百種飯食供養佛。爲四衆弟子及許多貧苦的窮人、乞丐，都一起準備了同樣的飯菜。爲什麼呢？一切飛禽走獸蠕動之類都是平等的，不能有所憎愛，有所偏頗。

賢護與八菩薩及諸親友，到用飯時都一起來到佛的面前，向佛頂禮，對佛說：「飯菜都準備好了，請佛前往。」當時，佛和各位僧人都身著僧衣，拿著鉢盂，來到聚會的地方，進入王舍城賢護菩薩的住所。賢護菩薩這樣想：今天佛顯威神，由於這個緣故，我的房舍極廣大，都裝上琉璃，內外透明。城外的一切地方都看得見我家，我家也能看見城外的一切地方。佛馬上知道賢護心裏在想什麼，便現出威力和神通，使賢護家房屋極高大，全國人民都能看見此房舍。佛走在前面，到賢護家坐，四衆弟子、各地方來的信徒都坐在他家房舍內。賢護菩薩見佛、僧人等坐定，即一起供養他們，送上數百種飯食並親手斟酌。佛及四衆弟子飯食畢，一切貧窮之人都同等供養，使各人都公平地得到滿足，皆憑著佛的威力神力得到滿足。

賢護菩薩見佛及諸弟子都用完飯，前往洗滌畢，然後拿了一個小几，在佛面前聽經。佛爲賢護菩薩及四衆弟子說經，大家莫不歡喜，沒有不想聽的，也沒有不樂意的。佛已經給僧人、諸弟子講經完畢，然後站起來，與僧人一起離去。

2 菩薩從五方面修定

賢護菩薩飯後，與親友一起都到王舍城佛的住所，向佛頂禮，在旁邊就座。八位菩薩見大家都坐下來了，就走到佛面前問佛：「菩薩應當做哪些事，才能修好一切佛都站立面前的念佛定法門？」

佛告訴賢護：「菩薩做好五方面的事，就能很快修得念佛法門，並且學習、奉持，心不退轉。哪五方面的事呢？第一、樂於奉持經典，無有窮盡時，使衆人的災難都脫離，塵垢都除去，除去黑暗，進入光明世界，所有朦朧的東西都如煙霧消去。」佛告訴賢護：「這樣的話，這位菩薩就會得到無比的法樂，修得此法門。再次，賢護，不再以生爲快樂，這是第二。不再對外道感興趣，這是第三。不再以愛欲爲快樂，這是第四。自守戒行，自始至終，這是第五。

3 財法布施修此定

「菩薩還有五件事要做。哪五件呢？第一、布施給別人的心終不後悔，不貪心，不吝惜，布施時不希望回報，布施後不反悔、悔恨。第二、賢護，菩薩要用法布施，給他人講經，所說的都能根據不同的根機令人信服，沒有懷疑，沒有什麼保留顧惜，宣說佛的深意，自身努力信守奉行。第三、賢護，菩薩不應嫉妒，所辦的事不使人產生懷疑，不貪睡眠，離開世俗的五種欲望，不自誇，也不中傷別人。對打罵、刑罰的人也不發怒、怨恨，也不因此鬆懈自己的努力。爲什麼？這是堅信諸法皆空的結果。第四、賢護，菩薩對於此法門，不但自己要學，還要教他人學；抄寫此經，要用上等布料，使之久存人間。第五、賢護，菩薩常重信心，對所信仰的樂於奉行，尊敬長老及善知識，得到新來學人的布施，當想到報恩，常常講信用，受到人家小的布施，常想多多報答別人，何況於受到多的布施呢？菩薩應當常常尊重經法，拋棄不反復誦念的懈怠之意，常常反復念誦。這樣就能很快修得此念佛定法門。」佛這時念了以下偈語：

常愛樂佛法在深刻理解，於諸習欲不貪生。
於一切生死無貪著，如此方能修得念佛定。
好樂施不求報答，使人受惠不貪著不追念。
施與不論是誰受益，只想明瞭深得佛恩惠。
哀憫衆生行布施，心常喜躍毫無悔恨。
常立布施持戒及忍讓，精進一心智慧事。
具足六度攝一切，慈悲喜捨四平等心。
善於針對不同衆生方便濟度，如是當得念佛定。
施捨必除貪與吝，心常歡躍樂於助他人。
既施之後常歡喜，如是當得念佛定。
講授經法要針對不同機緣，深明大義佛所教導。

講說微妙道德感化，如是乃得念佛定。
其人學是此三昧，具足智慧為人解說。
令此經法永遠得保存，如是乃得念佛定。
講經不要神化，講說當不貪供養。
唯求安隱達到佛道見地，如是乃得念佛定。
除去執著與煩惱，不自高傲及輕慢。
不自稱譽說人長短，終不執著我所有的思想。
能滅我相得寂定，便能解此禪定獲智慧。
捐棄阿諛諂媚心清淨，速入定門無艱難。
常行至誠不妄加掩飾，其願具足無缺少。
培植正德無邪行，愛樂此法速得此定門。
所誦習的經典常不忘，常護禁戒行清淨。
如此行者速得佛道，何況奉持此法門！

4 向燃燈佛請教的經歷

佛告訴賢護菩薩：「在非常久遠以前的燃燈佛時，我在燃燈佛處聽說此法門，即奉行此法門，見到十方無數佛，都聽他們講經，信守奉行。這時，諸佛都對我說，此後無限久遠時間，你應當成佛，名釋迦文。」

佛告賢護菩薩：「因此，我對你說：今要想成佛，應當修學此法門。要知道，此法門境界甚高，不是凡夫所見境界能比得上的。能修學奉持此念佛定法門，一定得成佛。」佛隨即說了偈語：

憶過去無數世前定光佛，於時我得此法門。
即見十方無數佛，聞說神聖佛法深妙義。
譬如有德人廣採寶，所想如願皆得之。
菩薩大士也如此，經中求寶即得成佛。

賢護菩薩對佛說：「世尊，當如何守持此法門？」

佛告訴賢護菩薩說：「見到色等一切有質礙的東西都不要執著，不應當聽到它的聲音就去追逐它，當視一切皆空，守此念佛定門。什麼是應當守的定門？就是要隨佛法而努力奉行。再次，賢護，菩薩當觀自身，並不見自身，既沒有什麼可觀的，也沒有什麼可看的，也沒有什麼可以執著的。不是像盲人那樣視而不見，也不是像聾子那樣充耳不聞，而是本來如此，就像經中說的，即使你再專注地去看，也無所見，無所執著。能無所執著，就是信守佛道的人。對於經法堅信不疑，不疑就能見佛，見佛就斷除疑惑。一切諸法都無所從來而生。爲什麼？菩薩對於諸法有懷疑的想法就是執著。什麼是執著？有對於人的壽命、福德、福報的想法，就是執著；對於人相互對立有想法，對六根有欲望，也是執著。爲什麼？菩薩應當見一切法都不執著，一切法本來沒有什麼可想念的，也是本無所見的。什麼叫不見？譬如蠢人學了外道以後，以爲自己有此身，看重得不得了。菩薩不這樣看。菩薩應如何看呢？

「譬如如來、應供、正遍知，不退轉菩薩，辟支佛，阿羅漢的看法，就是不喜不憂，菩薩也應這麼看，也不喜也不憂。守持此法門，也不喜不憂。好比虛空，既無有質礙的東西，也沒有什麼可想念繫掛，非常清淨，沒有污穢的東西。菩薩見諸法是這樣，眼裏沒有什麼東西障礙，所以能見到一切佛。見到一切佛，猶如月亮、明珠放在琉璃上，像太陽出來大地遍放光明一樣，又好像月亮十五日在衆星中央映照那樣，似轉輪勝王與圍繞他的群臣一樣，似忉利天王、帝釋天在諸天的中央，又似大梵天王在衆梵天中央坐於最高座，如火炬在山頂燃燒，如大醫王用藥治衆人病，又如獅子在百獸中稱雄，如群雁列隊飛行虛空而在前面領路開導，如嚴冬時高山上的積雪，四面八方都看得見，像天地大界金剛山除去臭穢的東西，如奔流的水沖刷地面，如風吹水面，一切污濁的東西都變得清淨，像虛空一樣，像須彌山上忉利天一樣莊嚴。諸佛都是這樣，佛持戒，佛顯威神，佛作功德，無數國土都放光明。這樣菩薩見十方佛如此，聽聞經典都能得佛。」佛這時念了偈語說：

佛無污垢離煩惱，功德無量毫不執著。
至尊至大神通妙音聲，如鐘鼓鏗鏘傳四方。
覺天中天脫諸慧，種種香華用來供養佛。
以無數德行供養舍利，幡蓋雜香求此法。
聞法深妙學具足，遠離顛倒比喻滅煩惱度衆生。
萬法皆空不執著，汝當隨順妙法智慧無礙。

清淨如月日放光，如大梵天立本宮。
常以清淨心念世尊，意無所執著悟本性空。
比如冬月高山雪，又如國王人中尊。
摩尼珠清淨勝過衆寶，觀佛相好當如此。
如群雁高飛前有嚮導，虛空清淨無污垢和雜亂。
紫磨金色佛相如此尊嚴，佛子念此供養佛世尊。
除去黑暗與愚癡，清淨法門速修得。
捨棄對身外物的貪求，無垢污行才能得禪定。
無有煩惱與污垢，棄除怨恨與愚癡。
其目清淨自然明，念佛功德無障礙。
奉持世尊清淨戒，心無執著一切無所求。
如能對我及我所有不執著，亦終不執著諸色相，
捨離生死無妄見，棄捨高傲智慧清淨，
遠除傲慢與自大，即能聞此法門離邪見。

其有比丘比丘尼，清信士清信女，
除去貪欲與煩惱，精進奉持當得此定門。

原典

颰陀和菩薩政衣服，長跪叉手白佛言：「我欲請佛及比丘僧，明日於舍食，願佛哀受請。」佛及比丘僧默然悉受請。颰陀和菩薩知佛已受請，起至摩訶波喻提比丘尼所，白比丘尼言：「願受我請，明日與比丘尼俱於舍小飯。」摩訶波喻提比丘尼即受請。颰陀和菩薩語羅憐那竭菩薩：「舍弟，諸郡國其有新來人悉請會佛所。」羅憐那竭菩薩前至佛所，爲佛作禮，長跪叉手白佛言：「我兄請佛，所有新來人悉欲請於舍食，願哀受之。」颰陀和菩薩、羅憐那竭菩薩、憍日兜菩薩、那羅達菩薩、須深菩薩、摩訶須薩和菩薩、因坻達菩薩、和倫調菩薩，悉與宗親俱，前以頭面著佛足，及爲比丘僧作禮。作禮已竟，從佛所去。歸到羅閱祇國，至颰陀和菩薩家，共相佐助作諸飯具。四天王、釋提桓因、梵三鉢皆共疾來，佐助颰陀和菩薩作衆飯具。

爾時，颰陀和菩薩宗親共莊嚴羅閱祇國，持若干種雜繒帳，覆一國中。其街巷市里皆懸繒幡，舉一國中悉散華燒香，作百種味飯具用佛故。比丘僧、比丘尼、優婆塞、優婆夷及諸貧窮乞匃❶者，其飯具適等。何以故？不有偏施於人民，及蜎飛蠕動之類悉平等。

䟦陀和與八菩薩與諸宗親，以飯時俱往詣佛前，以頭面著佛足，卻白佛言：「飯食具以辦，願佛可行。」時，佛與比丘僧皆著衣持鉢，俱詣來會者，皆隨行入羅閱祇國中，到䟦陀和菩薩家。䟦陀和菩薩作是念：今佛威神故，令我舍極廣大，悉作琉璃，表裏悉相見。城外悉見我舍中，我舍中悉見城外。佛即知䟦陀和心所念，佛便放威神，令䟦陀和舍極廣大，舉一國中人民，悉見於舍中。佛前入䟦陀和菩薩家坐，比丘僧、比丘尼、優婆塞、優婆夷，各各異部悉坐於舍中。䟦陀和菩薩見佛、比丘僧坐已，自供養佛、比丘僧，若干百種飯手自斟酌。佛及比丘、比丘尼、優婆塞、優婆夷，皆已乃飯，諸貧窮者悉等與，悉各平足，皆持佛威神恩使之足。

䟦陀和菩薩見佛諸弟子悉飯已，前行澡水畢竟，持一小机，於佛前坐聽經。爲❷䟦陀和菩薩及四輩弟子說經，莫不歡喜者，莫不樂聞者，莫不欲聞者。佛以經請比丘僧及諸弟子，佛起，與比丘僧俱去。

颰陀和菩薩飯已，與宗親俱出羅閱祇國到佛所前，爲佛作禮，皆卻坐一面。及羅憐那竭菩薩、憍日兜菩薩、那羅達菩薩、須深菩薩、摩訶須薩和菩薩、因坻達菩薩、和倫調菩薩、颰陀和菩薩見人衆皆安坐已，前問佛：「菩薩用幾事得見現在佛悉在前立三昧？」

佛告颰陀和菩薩：「菩薩有五事，疾得見現在佛悉在前立三昧，學持諦行心不轉。何等爲五？一者樂於深經，無有盡時，不可得極，悉脫於衆災變去，以脫諸垢中，以去冥入明，諸矇朧悉消盡。」

佛告颰陀和：「是菩薩逮得無所從來，生法樂，逮得是三昧。復次，颰陀和，不復樂所向生，是爲二。不復樂喜於餘道，是爲三。不復樂於愛欲中，是爲四。自守行無有極，是爲五。

「菩薩復有五事，疾得是三昧。何等爲五？一者布施心不得悔，無所貪，無所惜，從是不得有所希望，施人已後不復恨。復次，颰陀和，菩薩持經布施，爲他人說經，所語者安諦❸，無有疑，無所愛惜，說佛深語身自行立是中。復次，颰陀和，菩薩不嫉妒，所作無有疑，卻睡臥，卻五所欲，不自說身善，亦不說他人惡。若有罵者，若有刑者，亦不得恚，亦不得恨，亦不得懈。何以故？入空行故。復次，跋陀和，菩薩是三昧，自學復教他人，書是經，著好疋素上使久在。復次，跋陀和，菩薩所信多樂，敬長老及知識，於新學人❹若得所施，當念報恩，常有識信，受人小施念報大，何況於多者。菩薩常樂重於經，棄捐無反復之意，常念有反復。如是者得三昧疾。」

佛爾時頌偈言：

常愛樂法在深解，於諸習欲不貪生。
游步五道❺無所著，如是行者得三昧。
好喜布施不想報，所患無著不追念。
所與不見有受者，唯欲得解佛深慧。
愍傷衆生行布施，其心喜踴不悔恨。
常立布施及戒忍，精進一心智慧事。
具足六度攝一切，慈悲喜捨四等心❻。
善權方便濟衆生，如是行者得三昧。
若有與施除慳貪，其心歡躍而授與。

既施之後恆欣喜，如是行者得三昧。
曉知經法分別句，聞深要義佛所教。
講說微妙道德化，如是行者得三昧。
其人學誦是三昧，具足解慧為人說。
令此經法得永存，如是行者得三昧。
常不秘奧佛經法，不望供養乃為講。
唯求安隱佛道地，如是行者得三昧。
除去所著棄諸蓋，捐去貢高及慢大。
不自稱譽說彼短，終不復起吾我❼想。
其有寂定意不起，便能解是道定慧。
棄捐諛諂心清淨，用是速逮不起忍。
常行至誠無綺飾，其願具足無缺減。
殖眾正德無邪行，愛樂法者得道疾。
所誦習經常不忘，常護禁戒清淨行。

如是行者得佛疾，何況奉是寂三昧！

佛告跋陀和菩薩：「往昔無數劫，提和竭羅佛❽時，我於提和竭羅佛所，聞是三昧即受持是三昧，見十方無央數佛，悉從聞經悉受持。爾時，諸佛悉語我言，卻後無央數劫，汝當作佛名釋迦文。」

佛告跋陀和菩薩：「我故語汝，今自致作佛，是三昧若曹當學，爲知內法第一，衆所不能及，出衆想去，其有於是三昧中立者，念得佛道。」佛爾時頌偈言：

憶念我昔定光佛❾，於時逮得是三昧。
即見十方無數佛，聞說尊法深妙義。
譬有德人行採寶，所望如願輒得之。
菩薩大士亦如是，經中求寶即得佛。

跋陀和菩薩白佛：「當云何守是三昧？天中天。」

佛告跋陀和菩薩：「色不當著，不當有所向生。當行空，是三昧當守。何等爲三昧？當隨是法行。復次，跋陀和，菩薩自觀身無身，亦無所觀，亦無所見，亦無所著，本亦無所盲，亦無所聾，如經中法，視住亦無所見，亦無所著。無所著爲守道者，於法中無所疑。不疑者爲見佛，見佛者爲疑斷。諸法無所從來生。何以故？菩薩有法疑想便爲著。何等爲著？有人有壽命、有德、有陰，有人有對、有想、有根、有欲，是爲著。何以故？菩薩見諸法無所著，是法亦不念，亦不見。何等爲不見？譬如愚人學餘道自用，有人謂有身，菩薩不作是見。菩薩何等爲見？

「譬如怛薩阿竭阿羅訶三耶三佛、阿惟越致、辟支佛、阿羅漢所見，不喜不憂，菩薩如是見，亦不喜亦不憂。守是三昧者，亦不喜亦不憂。譬如虛空，無色無想，清淨無瑕穢。菩薩見諸法如是，眼無所罣礙見諸法，用是故見諸佛。見諸佛如以明月珠持著琉璃上，如日初出時，如月十五日在衆星中央時，如遮迦越王與諸群臣相隨時，如忉利天王、釋提桓因在諸天中央時，如梵天王在衆梵天中央最高坐，如炬火在高山頂燒，如醫王持藥行愈人病，如師子出獨步，如衆野雁飛行虛空中前有導，如冬月高山上積雪，四面皆見，如天地大界金剛山卻臭穢，如下水持地，如風持水，諸穢濁悉清淨，如虛空等，如須彌山上忉利天爲莊嚴。諸佛如是，佛持戒、佛威神、佛功德，無央數國土悉極明。是菩薩見十方佛如是，聞經悉受得。」佛爾時頌偈言：

佛無垢穢離塵勞⑩，功德衆竟無所著。

尊大神通妙音聲，法鼓導義喻諸音。
覺天中天脫諸慧，種種香華以供養。
以無數德奉舍利⓫，幡蓋雜香求三昧。
聞法普妙學具足，遠離顛倒喻滅度。
終不想著於空法，當志解妙無礙慧。
清淨如月日出光，譬如梵天立本宮，
常清淨心念世尊，意無所著不相空。
譬如冬月高山雪，若如國王人中尊。
摩尼清淨超衆寶，觀佛相好當如是。
如雁王飛前有導，虛空清淨無穢亂。
紫磨金色佛如是，佛子念此供養尊。
去諸幽冥除闇愚，即悉逮逮淨三昧。
捐捨一切諸想求，無垢穢行得定意。
無有塵勞釋垢穢，棄去瞋恚無愚癡。

其目清淨自然明，念佛功德無罣礙。
思佛世尊清淨戒，心無所著不相求。
不見吾我及所有，亦不起在諸色相。
捨離生死無衆見，棄捨貢高慧清淨。
遠除憍慢不自大，聞寂三昧離邪見。
其有比丘佛子孫，信比丘尼清信士。
除去貪欲清信女，念精進學得是法。

注釋

❶**乞匃**：即乞丐。

❷「爲」字上，疑脫「佛」字。

❸**安諦**：當即安立諦，即對眞如之本質用各種有差別之名詞概念進行解説，稱爲安立諦。

❹**學人**：一、指尚須學習之人；二、泛稱學習佛法的人。

❺**五道**：即五趣，爲有情往來之所，包括地獄道、餓鬼道、畜生道、人道、天道。

❻**慈悲喜捨四等心**：慈悲喜捨四無量心叫四等。四等心是菩薩爲普度衆生所需要的四種精神，即使衆生得樂（慈）、離苦（悲）、以此爲樂（喜）、無怨親分別（捨）的精神。平等是諸法體性，以諸法平等，故發心等，發心等故道等，道等故大慈悲等。

❼**吾我**：即我所，指爲我的觀念。我與我所的分別是世俗一切分別中最基本的分別，故應破除。

❽**提和竭羅佛**：即燃燈佛，又名提和謁、提洹竭。釋迦如來因行中第二阿僧祇劫時逢此佛出世，買五莖之蓮以供養佛；用長頭髮鋪在地上，讓佛踩著走過，以作未來成佛的資糧。燃燈佛時，一切身邊如燈，故名燃燈太子，又作然燈太子。

❾**定光佛**：亦名然燈佛、錠光佛。有足名錠，無足名燈。錠光佛時，釋迦菩薩名儒童，見王家女曰瞿夷者，持七枝青蓮華，以五百金錢買五莖蓮，合彼女所寄託二枝爲七莖蓮奉佛，又見地泥濘，解皮毛覆地，不足，乃解頭髮布地，使佛蹈之而過，佛因受記曰：「是後九十劫，名賢劫，汝當作佛，號釋迦文如來。」

❿**塵勞**：煩惱的異名。因爲煩惱能污染人的眞性，使人心煩疲勞，故稱塵勞。

⓫**舍利**：爲佛之身骨火化後凝結的珠狀物。骨舍利白色，髮舍利黑色，肉舍利赤色，係生前修戒定慧而得，無量功德所成。

無想品第十一——修持此定的十事

譯文

1從十方面修持此定

佛告訴賢護菩薩：「如有菩薩想修學此法門，速得此念佛定，當先斷除對於一切色相的想像、貪著，拋棄自高自大。能斷除對色相的想法、執著，不驕傲自大，然後才能修學此法門，不應當糾纏是非爭端。什麼叫是非紛爭？毀謗空理。所以不應當與人爭論，不應當毀謗空理，而應誦此念佛定。」

佛告訴賢護：「若有菩薩學誦此法門，當從十方面著手。哪十方面呢？一、對於布施衣、鉢的人不嫉妒；二、對長者老人應當愛敬、孝順；三、知恩不忘，心常念報；四、不胡言亂語，遠離不合佛法的東西；五、常常以乞食為生，不受宴請；六、精進不懈，誦經而行；七、日夜不貪睡眠；八、對佛和天下人，常常想到布施他們，不吝惜，不後悔；九、深入智慧寶藏而無所貪著；十、先敬事善知識，把老師看做佛一樣，這樣才能誦持此法門。

2修此定得八事

「如法修行，可獲得八事。哪八方面？第一、持戒清淨，圓滿徹底；第二、不與外道相應，出入智慧之中；第三、於智慧中清淨，不再貪生；第四、眼清淨，不再在生死中輪迴；第五、高明而不貪著；第六、精進清淨，於一切時求佛菩提；第七、如果得到人家的供養，不故意裝做歡喜；第八、得無上正等正覺時，不退失、不動搖。這就是所獲得的八事。」佛此時說偈語道：

有智慧者不生妄想，棄除自高與自大。
常行忍辱無粗淺之見及煩惱，當能速入此法門。
智者觀空無相爭，涅槃寂靜滅障救苦難。
信佛法不毀謗，如此奉持入定門。
智者不驕傲與怠慢，念佛敬僧知報恩。

堅持淨信不動搖，此時得學佛立定。
心不嫉妒遠離幽暗，不起狐疑常有信。
當行精進不懈怠，如此方得念佛定。
比丘學此常乞食，不赴宴請及聚會。
心無所執著不蓄積，行此當入念佛定。
假使親手得此法教，及持奉行此經卷，
已具足學佛的條件，然後誦持念佛定。
常修至德行為講誠信，設有學誦此法門，
得此八法無污垢，就能得清淨遵循諸佛教。
其清淨戒有根本，修定無散亂視一切皆平等。
對於生死以為空淨，住於此法一切具足。
智慧清淨無有其他企求，無垢污行也不執著。
不求博聞與小智，得行此法無上智慧。
志精進者無所失，於供養利都不貪。

速得無上菩提道，如此修學為明智。

原典

佛告跋陀和菩薩：「若有菩薩欲學是三昧，疾得是，當先斷色思想❶，當棄自貢高；已斷思想，已不自貢高，已卻當學是三昧，不當諍。何當爲諍？誹謗於空。是故不當共諍❷，不當誹謗空，卻誦是三昧。」

佛告跋陀和：「若有菩薩學誦是三昧者，有十事於其中立。何等爲十？一者其有他人，若饋遺鉢震越衣服者不嫉妒；二者悉當愛敬人，孝順於長老；三者當有反復念報恩；四者不妄語，遠離非法；五者常行乞食不受請；六者當精進經行；七者晝夜不得臥出；八者常欲布施天上天下，無所惜，終不悔；九者深入慧中無所著；十者先當敬事善師視如佛，乃當卻誦是三昧。是爲十事。

「當如法作是行者，便得八事。何等爲八事？一者於戒清淨至究竟；二者不與餘道從事，出入智慧中；三者於智慧中清淨，無所復貪生；四者眼清淨，不復欲生死；五者高明無所著；六者清淨於精進自致得佛；七者若有人供養者不用故喜；八者正在阿耨多羅三藐三菩提不復動。是爲八事。」佛爾時頌偈言：

有黠慧者不起想，棄捐貢高及自大。
常行忍辱無粗漏，爾乃為學是三昧。
智者心明不諍空，無想寂定是滅度❸。
不誹謗法莫諍佛，如是行者得三昧。
明者於是無憍慢，常念佛恩及法師。
堅住淨信志不動，爾時為學是三昧。
心不懷嫉遠窈冥，不起狐疑常有信。
當行精進不懈怠，如是行者得三昧。
比丘學是常分衛，不行就請及聚會。
心無所著不蓄積，如是行者得三昧。
設使手得斯法教，及持奉行此經卷。
已具足意得如佛，然後學誦是三昧。
住是至德行誠信，設有學誦三昧者。

241

台北縣三重市三和路三段117號

佛光文化事業有限公司 收

廣告回函
台灣北區郵政
管理局登記證
北台字第9986號

郵資已付・免貼郵票

姓名：

地址：

電話：（　　）

市　縣　　鄉鎮　市區

路（街）　段　巷　弄　號　樓

佛光文化讀者服務卡

感謝您購買佛光文化叢書！為了提供更好的服務，請您詳細填寫本卡各項資料，免貼郵票，寄回給我們，或傳真至(02)2988-3534，我們將編輯更符合您閱讀的圖書，並以最新圖書資訊與您分享，同時可享受我們的各項優惠。

◆ 您的個人資料：

您所購買的書名：______________________

購買的書店：________市/縣______________書店

您的性別：☐男 ☐女 生日：_____年_____月_____日

婚姻：☐已婚 ☐單身

學歷：☐博士 ☐碩士 ☐大學 ☐大專 ☐高中 ☐國中以下

職業：☐文化傳播 ☐金融業 ☐服務業 ☐製造業 ☐營建業 ☐資訊業
☐軍公教 ☐自由業 ☐無 ☐學生 ☐其他__________

職位別：☐負責人 ☐高階主管 ☐中級主管
☐基層主管 ☐一般職員 ☐專業人員

您通常以何種方式購書？

☐逛書店 ☐劃撥郵購 ☐電話訂購 ☐傳眞訂購
☐團體訂購 ☐銷售人員推薦 ☐信用卡 ☐其他__________

您從何處得知本書消息？

☐逛書店 ☐報紙廣告 ☐書評 ☐親友介紹 ☐電視節目 ☐廣播節目
☐銷售人員推薦 ☐廣告信函(DM) ☐心靈導航書訊 ☐其他__________

請惠賜對我們的建議：

《謝謝您的合作，祝您吉祥如意，福慧圓滿。》

速逮疾得是八法，清淨無垢諸佛教。
其清淨戒有究竟，三昧無瑕得等見。
以為空淨於生死，住於是法得具足。
智慧清淨無有餘，無穢行者亦不著。
博聞採智捨唐捐，得行如是為黠慧。
志精進者無所失，於供養利而不貪。
疾得無上成佛道，學如是德為明智。

注釋

❶**斷色思想**：即斷絕對於有質礙之物的思惟、想像、執著。思，指心造作身、口、意三業之作用；想，指想像事物之作用。

❷**共諍**：於自己而生是非叫諍；固執己見而與人爭論，叫互諍、共諍。

❸**滅度**：指命終證果，滅障度苦。

十八不共十種力品第十二——修念佛定的十八功德十種慧力

譯文

1修念佛定的十八種殊勝功德

佛說：「得到以上八事，便獲得佛十八種功德。什麼叫十八種功德？一、從得佛之日起，到般涅槃之日止，佛都沒有什麼大難；二、沒有什麼短缺；三、沒有什麼遺忘；四、心沒有不定的時候；五、對於所有一切始終不起我所有的想法，更沒有什麼不能捨棄；六、沒有什麼時候不能忍受；七、沒有什麼時候不感到快樂；八、沒有什麼時候不精進；九、沒有什麼時候不念佛；十、沒有什麼時候不入定；十一、沒有什麼時候不知道；十二、解脫知見具足不滅；十三、智慧能見過去無數世事，沒有止境，沒有障礙；十四、智慧能見將來無數世事，沒有止境，沒有障礙；十五、智慧能見現在世十方無數世事，沒有止境，沒有障礙；十六、身所做的一切事業隨智慧而行；

十七、口所說的一切口業隨智慧而行；十八、心所念的一切意業，隨智慧而行。這就是佛的十八種功德。」

2 修此定獲十種慧力

佛告訴賢護：「若有菩薩無所執著，一切要求都得到佛法保護。學這念佛定法門，有十種法保護。這十種法保護，就是佛的十種力。什麼是佛的十種力？第一、有限、無限都能知道；第二、過去、未來、現在三世的本末都知道；第三、拋棄煩惱入於禪定，一切清淨，都能知道；第四、對於諸根勝劣的種種差異、如何精進，都能知道；第五、有知道種種解的智力；第六、有知道無數事種種變化的智力；第七、有一切都通曉、明了的智力；第八、有眼所見無所障礙、無所不知的能力；第九、有知道前世以來一切事的始末的無限能力；第十、有知道三世平等、無所執著的能力。」

佛告訴賢護：「如果有菩薩修此法門，對於一切都無所從生之法都守護，這就是佛的十種非凡的智慧與能力，即佛十種力。」佛此時念了下面的偈語：

十八種功德無與倫比，世尊加持有十種智慧力。

如能奉持此法門，速得一切佛現在面前。

原典

佛言：「得是上八事者，便獲佛十八事❶。何等爲十八事？一者用某日得佛，用某日般泥洹，從初得佛日，至般泥洹日佛無難；二者無短❷；三者無忘；四者無不定時；五者終無生法想言我所；六者無有不能忍時；七者無有不樂時；八者無有不精進時；九者無有不念時；十者無有不三昧時；十一者無有不知時；十二者無有不脫見慧時；十三者過去無央數世事無有能止，佛無所罣礙所見慧時；十四者當來無央數世事無有能止，佛無所罣礙所見慧時；十五者今現在十方無央數世事無有能止，佛無所罣礙所見慧時；十六者身所行事智慧，是本常與智慧俱；十七者口所言事智慧，是本常與智慧俱；十八者心所念事智慧，是本常與智慧俱。是爲佛十八事。」

佛告颰陀和：「若有菩薩無所復著，求法悉護，學是三昧者，有十法護。何等爲十法護❸？佛十種力❹。何等爲十種力？一者有限、無限悉知；二者過去、當來、今現在本末悉知；三者棄脫定清淨悉知；四者諸根精進種種各異所念悉知；五者種種所信悉知；六者若干種變無央數事悉知；七者悉曉悉了悉知；八者眼所視無所罣礙悉知；九者本末無極❺悉知；十者過去、當來、今現在悉平等無所適著。」

佛告跋陀和：「若有菩薩，無所從生法悉護，是菩薩得佛十種力。」佛爾時頌偈言：

十八不共正覺法，世尊之力現有十。
設使奉行是三昧，疾逮逮此終不久。

注釋

❶**佛十八事**：又稱十八不共法。指佛與二乘菩薩相區別的十八種功德法。《智度論》載：一、身無失；二、口無失；三、念無失；四、無異想；五、無不定心；六、無不知已捨；七、欲無減；八、精進無減；九、念無減；十、慧無減；十一、解脫無減；十二、解脫知見無減；十三、一切身業隨智慧行；十四、一切口業隨智慧行；十五、一切意業隨智慧行；十六、智慧知過去世無礙；十七、智慧知未來世無礙；十八、智慧知現在世無礙。大體上與本經提法相同，但先後次序、少數提法略有不

同。

❷**無短**：指不論他人長短，口業清淨。

❸**十法護**：即十種力（見注❹）。

❹**十種力**：力指力用。《智度論》卷二十五載如來佛十種力用是：一、知覺處、非覺處智力；二、知三世業報智力；三、知諸禪解脫三昧智力；四、知諸根勝劣智力；五、知種種解智力；六、知種種界智力；七、知一切至所道智力；八、知天眼無礙智力；九、知宿命無漏智力；十、知永斷習氣智力。與本經大體相同。

❺**本末無極**：指對於三世輪迴的根本原因都能洞達，徹底了解。

勸助品第十三——三世佛、一切衆生助修定

譯文

1三世佛、一切衆生助修此定

佛告訴賢護：「這位菩薩奉持四種事，在此法門中助其歡喜。過去諸佛於往昔行菩薩時，皆因修此法門助其歡喜。學習此經者，自得無上正等正覺，智慧具足，所以我這樣助其歡喜。其次，賢護，在將來一切諸佛行菩薩道時，於此法門中助其歡喜，學此三昧自當成就無上正等正覺，其智慧具足，皆如此勸助其歡喜。再次，賢護，現在十方無量數佛行菩薩道時，於此法門中助其歡喜，學習這一法門，自當成就無上正等正覺，其智慧具足，並幫助別人歡喜，得到福報，使他和十方一切衆生都獲無上正等正覺，持此法門，依持這一法門的助歡喜功德，很快進入念佛定，不久當成就無上正等正覺。」

2修念佛定的功德勝珍寶

佛告訴賢護：「這位菩薩的功德，就是在念佛定中修持四事，助其歡喜。對此，我稍微打一些比方。比如人壽命百歲，從呱呱墮地至百年，無有一刻的休息，步行快步如風，圍繞四方上下。賢護，他所走的道路能夠計算嗎？」賢護說：「世尊，其行程無法計算。只有佛弟子舍利弗被稱爲智慧第一，他才算得淸楚。」

佛告訴賢護：「我對各位菩薩說，如有善男子善女人拿四方上下的一切國土中，人們所走過的地方滿佈無數珍寶布施給佛，都比不上修持此法門的功德。菩薩修此法門，於此四事中助歡喜，其福德超過布施無數珍寶給佛不知有多少百千萬億倍。你知道嗎？賢護，這位菩薩助歡喜，他的福德大不大？應當知道，這位菩薩助歡喜的功德非常大。」佛這時說偈語道：

在此經教中，勸你奉持四件事。
過去、將來、現在一切佛，
勸助他行功德，普度諸衆生。

從人類乃至蜎飛蠕動，都平等獲得覺悟。
譬如周圍這個世界，四方及上下，人生有百歲，壽盡行不止。
想要計里程，數目無法計，
除非舍利弗，不退轉菩薩。
布施無數珍寶功德自然大，但不如聽此法。
勸行上四事，功德勝布施。
賢護應當知道，修持四事得歡喜。
布施億萬倍，難與勸化人修此定的功德比！

原典

佛告跋陀和：「是菩薩持有四事❶，於是三昧中助其歡喜。過去佛時持是三昧助歡喜。學是經者，自致阿耨多羅三耶三菩阿惟三佛，其智悉具足，我助歡喜如是。復次，跋陀和，當來諸佛求菩薩道者，於是三昧中助歡喜，學是三昧者，自致阿耨多羅三耶三菩阿惟三佛，其智悉具足，其皆助歡喜如是。復次，跋陀和，今現在十方無央數佛本求菩薩道時，於是三昧中者助歡喜，學是三昧者，自致得阿耨多羅三耶三菩阿惟三佛，其智悉具足，其皆助歡喜福，令其與十方人民及蜎飛蠕動之類，共得阿耨多羅三耶三菩阿惟三佛，持是三昧助歡喜功德，令其疾得是三昧，作阿耨多羅三耶三菩阿惟三佛得不久。」

佛告颰陀和：「是菩薩功德，於是三昧中四事助歡喜，我於是中說少所譬喻。譬如人壽百歲，墮地行至百歲無有休息時，其人行使過疾風，周匝四方上下。云何，颰陀和，寧有能計其道里者不？」颰陀和言：「無有能計其道里者。天中天，獨佛弟子舍利弗羅❷阿惟越致菩薩，乃能計之耳。」

佛告颰陀和：「我故語諸菩薩，若有善男子善女人取是四方上下諸國土，其人所行處滿中珍寶，布施與佛，不如聞是三昧。若有菩薩聞是三昧，於是四事中助歡喜，其福出過布施佛者百倍千倍萬倍億倍。若見不？颰陀和，是菩薩助歡喜，其福寧多不？用是故當知之，是菩薩助歡喜，其福甚尊大。」佛爾時頌偈言：

於是經教中，持有四事勸。

過去及當來，現在諸世尊，

勸助功德行，度脫諸十方。
蜎飛之蝡動，悉逮平等覺。
譬如此周匝，四方及上下，
人生行百歲，壽盡行不息。
欲有計道里，其數難度量，
獨佛弟子知，不退轉菩薩。
滿中珍寶施，不如聞是法。
四事之勸助，其福出彼上。
跋陀且觀是，四事之歡喜，
布施億萬倍，不與勸化等。

注釋

❶**四事**：原指衣、食、臥具、湯藥四方面供養一切佛。本經中指勸助過去、未來、今現在十方人民及衆生，於修行般舟三昧中助其歡喜，其福德勝過以財物布施佛千萬

億倍。

❷**舍利弗羅**：舍利弗為舍利女之子，故曰舍利、舍利弗。其母於衆女中聰明第一，以世人貴重其母，故稱呼為舍利子。為釋迦佛十大弟子的首座，稱智慧第一，先釋尊入滅，未來將以華光佛的名號再來人間，利益衆生。

師子意佛品第十四——轉輪勝王修此法門成佛

譯文

1 轉輪勝王之師師子意

佛這時告訴賢護：「在過去無限久遠不可計數劫的時候，那時有佛名師子意、如來、應供、正遍知，他的威神無與倫比，安住於世間，經中尊稱他爲天上天下最尊貴，名天中之天。他在此國土的空寂淸淨之處，這個南贍部洲國土糧食豐收，人民無比歡樂。這時，南贍部洲內，高廣十八萬億里，有六百四十萬國家。那時候，有一個大國名叫賢作，全國人口六十億人。師子意佛在此國中，有轉輪勝王名勝游，到師子意佛的住所，向佛作禮，然後在旁邊就坐。這時師子意佛就知道國王心中所想，爲他說此念佛定法門。國王聽聞此念佛定，非常歡喜，即時用珍寶散於佛上，他心中就想，用這種功德使十方人民都安隱。師子意佛涅槃後，轉輪王壽終，還生王家作太子，名梵德。這時，贍部洲有一位高明的比丘，名珍寶，此時爲四衆弟子講述此經。梵德太子聽此法門，心生歡喜，踴躍快樂，喜聞此經，拿價值百億的珍寶，散在比丘的頭上，並且拿好衣供養他，與幾千人一起，發心學道，在這個比丘那裏剃髮出家，跟隨他修學此法門，與成千的出家人一起修學，事奉師父八千年而不鬆懈。前後一去一回，一直在聽此法門。這些出家人聽聞此法門，修持上述四事，都十分歡喜，得高明的智慧，並以此功德，後來更見到六萬八千佛，在各佛那裏一一聽聞此經。自己學，還教別人學。其人持此助歡喜功德，後來更成佛，名堅固精進如來、應供、等正覺。當時成千的出家人由此而能成就無上正等正覺佛。這時，成千的比丘跟隨他得無上正等正覺，都名堅勇如來、應供、等正覺，教導無數人民都求佛道。」

2 精進修學終不失

佛告訴賢護：「什麼樣的人聽此法門不感到歡喜？什麼人不學習這個法門？什麼人不爲其他人講此經？什麼人不守護此法門？」

佛告訴賢護：「如果有菩薩守此法門，速得成佛。賢護，如果有菩薩在四十里外，聽有持此法門者，應當到那裏去，求得此法門，何況從他那裏受學此經呢！如果離此百多里，或有四千里，聽說有此經，應到那裏聽講此法門，何況從那裏受學此法門呢！」

佛說：「距離那麼遠的地方都應當去那裏求法，何況近在一二十里，聽說有此法門，能不去求學嗎？賢護，如果有菩薩說有此法門，想到那裏求此法門，應當事奉其師十年、百年，並供養具足、瞻視，這樣的菩薩不應當自己任意行事，應當隨師教誨，常常應當念想師父的恩德。」

佛說：「我再爲你們說。如果菩薩在四千里外有此法門，想到那裏，如果不能聽聞此經，那麼，我告訴你們，此人應當用精進不懈的行動來求法，不應當退失，難道會達不到成佛見佛的目的嗎？賢護，菩薩聽此法門，更想不離佛，當然也就得到甚大的利益了。」佛這時念偈語道：

我念過去如來佛，人中尊號稱師子意。
這時有國王名勝游，到師子佛前學此定，
至意智慧聽此經，心悅無量奉持此法門。

即以珍寶散其上，恭敬供奉師子意佛。
心中如此讚歎說，我身將於當來世，
奉行佛教不缺乏誠意，也當得此念佛定。
用此福願壽終後，再世還生王侯家。
那時即見大和尚，名叫珍寶智博達。
應時聽聞此法門，踴躍歡喜即修此定。
供養好物幾千億，珍寶妙衣都是為弘法。
即為千人剃鬚髮，立志樂奉此法門。
同時具足八千歲，常跟隨和尚不相離。
一聞當下即覺悟，此法門智慧深如海。
執除經卷諷誦宣講，其所生處都聞此定門。
只因積累無量功德，當見諸佛顯大神通。
其所具足八萬歲，見一切佛都供養。
曾遇諸佛六萬億，又更供養六千尊。

聽講經法大歡喜，然後得見師子意佛。
憑此功德轉生王家，見佛名叫堅精進。
度化無數億人民，解脫一切生死煩惱。
諷誦受學此法後，便再見佛名堅勇。
天上世間誦其稱號，聞此經法得成佛。
何況受持誦說者，於衆世界不執著。
廣泛傳揚此定法，未曾疑忘於佛道。
此念佛定真佛語，如聞遠方有此經，
為求道應往聽聞受教，一心諷誦不忘棄。
假使往求不得聞，其功德福已不可盡，
無法稱量其德義，何況聽後即受持，
如有求此念佛定，當念往時彼梵達。
教習奉行切莫退轉，比丘得經應當如此。

原典

佛爾時告跋陀和：「乃去久遠世時，其劫阿僧祇❶，不可計、不可數、不可量、不可極阿僧祇，乃爾時有佛，名私訶摩提❷怛薩阿竭阿羅訶三耶三佛，其威神無有與等者，安隱於世間，於經中之尊，天上天下號曰天中天。於是國土空閑之處，是閻浮利國土豐熟，人民熾盛樂。是時閻浮利內，廣縱十八萬拘利那術踰旬❸。是時閻浮利內，凡有六百四十萬國。爾時，閻浮利有大國名跋登加❹，其國中有六十億人。私訶摩提佛在是國中，有遮迦越王名惟斯芩王，往到私訶摩提佛所，爲佛作禮，卻坐一面。時私訶摩提佛即知其王心所念，便爲說是三昧。其王聞是三昧助歡喜，即時珍寶散佛上，其心即念，持是功德令十方人民皆安隱。時私訶摩提佛般泥洹後，惟斯芩遮迦越王，其壽終已後，還生王家作太子，名梵摩達。爾時，閻浮提有比丘高明名珍寶，是時爲四部弟子比丘、比丘尼、優婆塞、優婆夷，說是三昧，梵摩達太子聞是三昧助歡喜心，踴躍樂喜聞是經，持珍寶直百億，散是比丘上，復持好衣供養之，以發意求佛道，時與千人俱，於是比丘所剃頭鬚作沙門，即於是比丘所從索學是三昧，與千比丘共，承事師八千歲不休懈，前後一反得聞是三昧。是比丘輩聞是三昧四事，助歡喜入高明之智，持是助歡喜功德，却後更見六萬八千佛，輒於一一佛所聞是三昧，自守學復教他人學。其人持是助歡喜功德，其後得作佛，名坻羅惟是逮❺怛薩阿竭阿羅訶三耶三佛。時是千比丘從得阿耨多羅三耶三菩阿惟三佛，皆名坻羅首羅鬱沈❻怛薩阿竭阿羅訶三耶三佛，教不可計人民皆求佛道。」

佛告䟦陀和：「何人聞是三昧不助歡喜者？何人不學者？何人不爲他人說者？何人不守者？」

佛告䟦陀和：「若有菩薩守是三昧者，疾速得佛。䟦陀和，若有菩薩在四十里外，聞有持是三昧者，菩薩聞之便當行求往到其所，但得聞知有是三昧常當求之，何況乃得聞學者！若去百里者，若遠四千里，聞有持是三昧者，當行學到其所，但得聞知，何況乃得聞學者！」

佛言：「去人遠者常當自行求，何況去人十里、二十里，聞有持是三昧者，不行求學。䟦陀和，若有菩薩，聞是三昧欲行至彼，聞求是三昧者，當承事其師十歲、百歲，悉具足供養占視，是菩薩不得自用，當隨其師教，常當念師恩。」

佛言：「我故相爲說之。若菩薩聞有是三昧處去四千里，欲往到其所，設不得聞是三昧者。」

佛言：「我告若曹，其人用精進行求故，終不復失佛道，會自致作佛見不？颰陀和，菩薩聞是三昧，念欲求不離，其得利甚尊。」佛爾時頌偈言：

我念過去有如來，人中尊號私訶末。
爾時有王典主人，至於彼佛聞三昧。
至意黠慧聽此經，心悅無量奉持法。
即以珍寶散其上，供師子意人中尊。
心念如是而嘆言，我身於此當來世。
奉行佛教不敢缺，亦當逮得是三昧。
用是福願壽終後，輒復來還生王家。
爾時見尊大比丘，號曰珍寶智博達。
應時從聞是三昧，踴躍歡喜即受持❼。
供以好物若千億，珍寶妙衣用道故。

即與千人除鬚髮，來志樂求是三昧。
同時具足八千歲，常隨比丘不捨離。
一反得聞不復二，是三昧者譬如海。
執除經卷諷誦說，其所生處聞三昧。
用積累是功德故，當見諸佛大神通。
其所具足八萬歲，所見諸佛輒供養。
曾值諸佛六萬億，加復供養六千尊。
聞所說法大歡喜，然後得見師子佛。
蒙此功德生王家，見佛號曰堅精進。
化無數億諸人民，度脫一切生死惱。
諷誦學是法以後，便復見佛為堅勇。
天上世間誦其稱，聞三昧聲得作佛。
何況受持誦說者，於衆世界無所著。
廣宜分流是三昧，未曾疑忘於佛道。

此三昧經真佛語，設聞遠方有是經，
用道法故往聽受，一心諷誦不忘捨。
假使往求不得聞，其功德福不可盡，
無能稱量其德義，何況聞已即受持！
設有欲求是三昧，當念往時彼梵達。
教習奉行莫退轉，比丘得經當如是。

注釋

❶**阿僧祇**：即無數、無央數。

❷**私訶摩提**：即轉輪王維斯芩所奉事之佛，名師子意。

❸**拘利那術踰旬**：拘利，即百萬。那術，又作那述，那由他、那庾多，即一億。踰旬，又作由旬、踰善那，爲帝王一日行軍之里程，約四十里至六十里。

❹**跋登加**：即賢作國。參《賢護》。

❺**坻羅惟是逮**：即堅固精進。參《賢護》。

❻**坻羅首羅藰沈**：即堅勇。參《賢護》。

❼**受持**：指以堅持之力在心中領受，常憶不忘。

至誠佛品第十五——誠心修定莫錯過因緣

譯文

1佛求此三昧的親身經歷

佛說：「久遠以前，有一佛，名薩遮那摩如來、應供、正遍知。當時有一比丘名和輪，佛涅槃後，這個比丘奉持此法門。我那時做國王刹帝利種，在夢中聽聞此法門，醒後付之行動，求奉此念佛定法門，跟隨和輪比丘出家爲僧，想在出家的地方再次聽聞此經法，承事師三萬六千年。魔障之事頻頻而起，竟然不得而聞。」

佛告訴四衆弟子：「我告訴你們，你們想儘快得此法門，不得忘失，善承事師，持此法門，至一劫、百劫、千劫也不鬆懈、厭倦。想得此法門，當不離善知識，以食物、日用品、衣被、床鋪、種種珍寶供養師，無所顧惜。如果沒有這些，得行乞以供養師，求獲法門而不厭倦。」

佛說：「所供養的這些東西，都微不足道。常當割自己的肌肉，來供養善師，常常不愛惜自己的身命，何況其餘呢？應當事奉善知識，好比奴僕事奉士大夫一樣。求此法門的人應當如此。得持此法門，當堅持不懈，常常應當報答師父的恩德。」

2 誠心修持莫錯過因緣

佛說：「此法門難逢，求此法門有至百億劫那麼久，卻但聽聞其名字，連聲音都聽不到的，更何況得修學呢？學以後再去教別人，正如有恆河沙那麼多的佛國，其中堆滿珍寶，用來布施，其福德能不多嗎？但還是比不上書寫修此法所持的這部經卷，其福德更是無法計算的。」佛這時念偈語：

我自識念往世時，其數足有六萬年。
常隨法師不離開，初未能聞此法門。
有佛法號名至誠，比丘名字叫和輪。
至誠世尊涅槃後，和輪比丘常修此法門。
我當時為王尊貴種，夢中聽說有此法門。

和輪比丘有此經，王應當隨他學此定。
夢醒後即行往求法，果然見比丘持此經。
即剃鬚髮出家去，八千年的學問一時都聽聞。
時光飛逝足足八萬年，供養奉事此比丘。
當時魔事頻頻發生，初未曾得一聽聞。
因此比丘與比丘尼，清信士及清信女。
持此經法付囑你們，聽聞此法速奉行。
常敬法師修習奉持，就是一劫那麼長也不要鬆懈。
歷經千難勤修道，當得聽聞此法門。
衣服床鋪無數億，比丘一家一家去乞食。
用來供養於法師，如此精進定得此法門。
燈火飲食一切必需物所當得，金銀珠寶具足供養師。
尚當自割其肌肉，用來供養何況飲食？
明者得法速奉行，受學經卷有反復。

此法門實難相遇，億劫久遠常當求。
所經歷處如聞此法，聞後廣傳諸學者。
假使歷經億千劫，求此法門難得聞。
世界多如恆沙數，滿裝珍寶用來布施。
如有受持敬誦此一偈，功德之大勝過恆河沙！

原典

佛言：「乃往昔時，復有佛，名薩遮那摩怛薩阿竭阿羅訶三耶三佛。時有比丘名和輪，其佛般泥洹後，是比丘持是三昧。我爾時作國王刹利種❶，於夢中聞是三昧，覺已便行求持是三昧比丘，即從作沙門，欲得於是比丘所，一反聞❷是三昧，承事師三萬六千歲。魔事❸數數起，不得一反聞。」

佛告比丘、比丘尼、優婆塞、優婆夷：「我故語若曹，若曹當疾取是三昧，無得忘失，善承事其師，持是三昧，至一劫、若百劫、若千劫，莫得有懈惓。趣當得是三昧，守善師不離，若飲食資用衣被床臥、千萬珍寶以用上師，供養於師無所愛惜。設無有者，當行乞食給師，趣當得是三昧莫厭。」佛言：「置是所供養者，此不足言耳。常當自割其肌，供養於善師，常不愛惜身，何況其餘？當承事善師，如奴事大夫，求是三昧者當如是。得是三昧已當堅持，常當念師恩。」

佛言：「是三昧難得值，正使求是三昧至百億劫，但欲得聞其名聲，不能得聞，何況得學者？轉復行教人，正使如恆邊沙佛剎，滿其中珍寶持用布施，其福寧多不？不如書是三昧持經卷者，其福極不可計。」佛爾時頌偈曰：

我自識念往世時，其數具足六萬歲。
常隨法師不捨離，初不得聞是三昧。
有佛號曰其至誠，時知比丘名和輪。
彼佛世尊泥曰後，比丘常持是三昧。
我時為王君子種，夢中逮聞是三昧。
和輪比丘有斯經，王當從受此定意。
從夢覺已即往求，輒見比丘持三昧。
即除鬚髮作沙門，學八千歲一時聞。

其數具足八萬歲，供養奉事此比丘。
時魔因緣數興起，初未曾得一反聞。
是故比丘比丘尼，及清信士清信女。
持是經法囑汝等，聞是三昧疾受行。
常敬習持是法師，具足一劫無得懈。
勿難千億用道故，當得聞是法三昧。
衣服床臥若千億，比丘家家行乞食。
以用供養於法師，精進如是得三昧。
燈火飲食所當得，金銀珍寶供養具。
尚當自割其肌肉，以用供養況飲食？
明者得法疾持行，受學經卷有反復。
是三昧者難得值，億那術劫常當求。
所周旋處聞是法，常普宣視諸學者。
假使億千那術劫，求是三昧難得聞。

諸令世界如恆沙，滿中珍寶用布施。
若有受是一偈說，敬誦功德過於彼。

注釋

❶**剎利種**：又名剎帝利，印度四種姓之第二種，主要指王族及武士階層。

❷**一反聞**：當即一聽聞。此句「初未曾得一反聞」，《賢護》譯作「終究未果一聽聞」；上章「前後一反得聞是三昧」，可解作「前後僅來回一次聽此念佛定」，可參考。

❸**魔事**：指惡魔所作障礙佛道諸事。

佛印品第十六——以無所著佛印修此法門

譯文

1 以無所著印受持此經

於是，佛告訴賢護：「如果有菩薩聽聞此念佛定，聽的人們應當為此感到歡喜，應當受學，能夠學的人應憑佛的威神力使之學好，應當書寫此經在素絹上，應當蓋上佛的印信，應當善加供養。什麼叫佛印？所認識的眞理無所造作，沒有貪欲，沒有欲求，沒有思惟，沒有執著，沒有索取，沒有志願，沒有什麼嚮往，沒有停留，沒有所生的東西，沒有自己所有的東西，沒有什麼可取，沒有什麼顧惜，沒有什麼值得嚮往，沒有什麼阻礙，沒有什麼自己所有的東西，沒有解不開的紐結，所有的紐結都解開了，所有的欲念都沒有了，無所產生，無所消滅，沒有什麼變壞，無有衰敗。佛道的要點根本都在此印之中。阿羅漢、辟支佛都不能損壞，不能破敗，不能使之欠缺。愚癡的人對此印表示懷疑。這印確實是佛的印信。」

2得此三昧不墮輪迴

佛說：「我現在講此念佛定法門時，一千八百億阿修羅、鬼神、龍、天、人民，都得預流果，八百比丘都得阿羅漢道，五百比丘尼都得阿羅漢道，成萬菩薩都得此念佛定法門，都得無比的快樂。一切佛都出現在面前，一萬二千菩薩都不再退轉。」

3以此三昧囑託八菩薩

佛告訴舍利弗、目犍連、阿難大比丘、賢護菩薩、羅憐那竭菩薩、憍日兜菩薩、那羅達菩薩、須深菩薩、摩訶須薩和菩薩、因坻達菩薩、和輪調菩薩，佛說：「我從久遠無數劫求佛道以來，現在得以成佛，持此經囑咐你們，學誦持守此法門不得忘失。賢護菩薩，如果有學此法門，應當安心修靜受學，想聽的都全部去聽，爲他人講經應當毫無保留地去宣說。」

4 諸天、鬼神、人民皆大歡喜

佛說經後，賢護菩薩等，舍利弗、目犍連、阿難大比丘等，諸天、阿修羅、龍、鬼神、人民皆大歡喜，在佛面前頂禮，然後離開。

原典

佛於是語跋陀和：「若有菩薩聞是三昧，聞者當助歡喜當學，得學者持佛威神使得學，當好書是三昧著素上，當得佛印❶印，當善供養。何等爲佛印？所識不當行，無所貪，無所求，無所想，無所著，無所願，無所向生，無所適，無所生，無所有，無所取，無所顧，無所往，無所礙，無所有，無所結，所有盡，所欲盡，無所從生，無所滅，無所壞，無所敗，道要道本是印中。阿羅漢辟支佛不能壞，不能敗，不能缺，愚癡者便疑是印，是印爲佛印。」

佛言：「今我說是三昧時，千八百億諸天阿須輪、鬼神、龍、人民，皆得須陀洹道❷，八百比丘皆得阿羅漢道，五百比丘尼皆得阿羅漢道，萬菩薩皆逮得是三昧，皆逮得無所從生法樂。於中立，萬二千菩薩不復還。」

佛語舍利弗羅摩、目揵連、比丘阿難、跋陀和菩薩、羅憐那竭菩薩、憍日兜菩薩、那羅達菩薩、須深菩薩、摩訶須薩和菩薩、因坻達菩薩、和輪調菩薩，佛言：「我從無央數劫求佛道以來，今以得作佛，持是經囑累若曹，學誦持守無得忘失。若有跋陀和菩薩學是三昧者，當具足安諦學❸，其欲聞者當具聞，爲他人說者當具說。」

佛說經已，跋陀和菩薩等，舍利弗羅摩、目揵連、比丘阿難等，諸天、阿須輪、龍、鬼神、人民皆大歡喜，前爲佛作禮而去。

注釋

❶**佛印**：指佛印證的諸法根本實相，即一切都無所著，即空。又指佛的印信。此處二義均有。

❷**須陀洹道**：須陀洹，即預流，聲聞乘四果之初果。指初入聖道，逆生死輪迴之流，流向涅槃之道。

❸**安諦學**：安諦，是指心靈平靜下來，達到安然的境界。

源流

本經爲現存大乘經典中最早期問世的作品，也是有關彌陀經典中的最早文獻，是淨土經典的最早先驅。儘管最早的東西，不見得最完美，例如刻在獸骨頭上的甲骨文，歪歪斜斜，不見得好看，外行人甚至把它當廢棄之物，不屑一顧，只有考古、歷史、文字學家才會視之如無價之寶。我們正是抱著這種「識寶」、「惜寶」的心情，來追溯本經的源流，評論其價值的。

要追溯本經之源，當先了解從印度傳來的有關西方淨土思想及所依的經典。

西方淨土及阿彌陀佛的信仰，在印度歷來極爲興盛。現存藏經中，有關這方面的著作，據說多達二百多部。佛典上最早記載一心念佛，憶念不忘，以歸依無上正覺這一法門的，當見於阿含類經。《雜阿含經》卷三十三第十二經以「念佛」爲「六念」（念佛、法、僧、施、戒、天）之一。《增一阿含經》卷二〈廣演品〉以「念佛」爲「十念」（即上述六念，加上休息、安般、身、死）之一。這些經都是以此世界的教化佛爲憶念對象的。而把憶念對象擴展到十方世界一切佛，重點是阿彌陀佛，則見於《般舟三昧經》。《般舟三昧經》教導信衆繫念他方世界現在一切佛，說西方世界須摩提國阿彌陀佛有種種相好威儀莊嚴，放大光明，現正在爲衆說法。如果持此佛名號，一心繫念此佛，經過一日夜或七天七夜，就能入於禪定，面見此佛。因此，阿含類經可以說就是《般舟三昧經》的源頭。

後來，釋迦佛在耆闍崛山說《無量壽經》，在王舍城說《觀無量壽經》，在祇樹給孤獨園說《阿彌陀經》。佛陀滅後約九百年，天親造《往生淨土論》，馬鳴、龍樹論師造贊，述上述三經要義。這樣「三經一論」就成爲西方淨土所依據的主要經論。《無量壽經》詳述法藏比丘（阿彌陀佛未成佛時之法名）在因地修行時所發的四十八願，以致果成，圓滿成佛，莊嚴國土，攝受十方念佛衆生以及三輩往生之條件。《觀無量壽經》指明欲往生西方的衆生必修的淨業正因，以及十六觀法、九品往生的因果。《阿彌陀經》描述西方淨土莊嚴的事相、發願往生的意義及方便，讚歎阿彌陀佛的功德，特別提倡持名念佛，說善男子善女人只要聽聞阿彌陀佛名號，經一至七日，一心不亂，臨終時阿彌陀佛就能現在面前，即能往生阿彌陀佛極樂國土。《往生淨土論》則以五念門爲修行之成就，使衆生畢竟得生安樂國土，見阿彌陀佛。這樣，持名念佛與往生淨土密切聯繫，修行的方式與所預期的勝果都更明確了。後來，《華嚴經・入法界品》（晉譯本卷四十六）載功德雲比丘爲善財童子說普光明觀察正念諸佛三昧，列舉了圓滿普照念佛三昧門、得一切衆生遠離顛倒念佛三昧門、得一切力究竟念佛三昧門等二十一種念佛三昧門，大大豐富了念佛法門的內容。

總之，印度佛教經典的念佛三昧法門，已把憶念現在教化佛擴展到十方世界的一切佛，把持名念一切佛，集中到念阿彌陀佛，把念佛修禪定面見佛，與往生佛土結合起來。這是從阿含類經、《般舟三昧經》到淨土「三經一論」、《華嚴經》關於西方淨土思想的大體發展輪廓。正是從這種意義上說，《般舟三昧經》就是淨土「三經一論」的最早先驅，是西方淨土思想之源。淨土「三經一論」則是《般舟三昧經》最近一段的流。

《般舟三昧經》傳入中土後，其重要注釋本，有智顗《般舟三昧行法》、元曉《般舟三昧經疏》等。

《般舟三昧經》在後漢靈帝時（公元一七九年）譯出。約公元二五二年，曹魏康僧鎧譯出《無量壽經》。姚秦弘始三年（公元四〇一年）鳩摩羅什譯《阿彌陀經》。次年，東晉慧遠在廬山創弘揚淨土宗的白蓮社，與衆共修念佛三昧，爲我國結社念佛之起。二十年後，劉宋畺良耶舍於公元四二四年譯出《觀無量壽經》。至此，淨土三經全部譯出，趨於完備。北魏永平元年（公元五〇八年），菩提流支來華，向曇鸞傳授《觀無量壽經》。曇鸞爲菩提流支譯出的世親《無量壽經優婆提舍願生偈》作注，並著《往生論注》，兼依龍樹《十住毘婆沙論》，明示難易二道、自力與他力之別，主張依靠他力爲五濁之世易行之道，闡明了淨土立教的主旨。從此，我國的淨土法門的弘揚掀開了新的一頁，念佛三昧法門的內容不斷豐富，淨土信仰在士大夫和廣大民衆中蔚成風氣。隋善導大師在長安，廣度民衆，寫了數萬卷《阿彌陀經》，畫了三百卷極樂淨土圖。南岳承遠大師在衡山設教，受其教化者以萬計。唐少康大師，在烏龍山建淨土道場，逢齋日，雲集三千多人，可見其影響之一斑。

我國佛教學者對念佛三昧法門的發展脈絡，可以從以下幾個方面把握：

㈠**對五念門修行的發揮**：隋智顗大師（公元五三八至五九七年）撰《五方便念佛門》，列出五種念佛法門：⑴稱名往生念佛三昧門，指行者念佛，必生起願生淨土的決心；⑵觀想滅罪念佛三昧門，即一心觀想佛之相好光明，以此光明照耀，滅一切罪障；⑶諸境唯心念佛三昧門，即所觀想之佛，是從心而起，別無其他境界；⑷心境俱離念佛三昧門，指觀想之心無有相可得；⑸性起圓通念佛三昧門，指行者趣向深寂禪定，捨棄一切心念，在十方佛的加被力下，智門興起，任運無礙，成就圓滿功德。

㈡**從有相、無相論念佛三昧**：懷感大師（約公元七世紀人，善導弟子）撰《釋淨土群疑論》，卷七舉有相、無相念佛三昧，認爲欲得無相念佛三昧者，當念化身佛；欲得有相念佛三昧者，當念報身、法身佛。

㈢**從心與境的關係闡明念佛三昧**：唐代賢首宗澄觀大師（公元七三八至八三九年）撰《華嚴經疏》，卷五十六舉出五種念佛法門：⑴緣境念佛門；⑵攝境唯心念佛門；⑶心境俱泯念佛門；⑷心境無礙念佛門；⑸重重無盡念佛門。

㈣**從念佛方式上闡明不同的念佛三昧**：宗密大師（公元七八〇至八四一年）撰《華嚴經行願品別行疏鈔》，卷四舉出稱名、觀像、觀想、實相等四種念佛法：⑴稱名念，專心稱念佛名；⑵觀像念，觀念塑畫等佛像；⑶觀想念，觀想佛之相好；⑷實相念，觀自身及一切法之眞實相。

㈤**從所念之三世佛闡明念佛三昧**：飛錫大師（約公元七六五年前後）撰《念佛三昧寶王論》，舉出通念三世佛的念佛法：⑴念現在佛，專注一境而圓通三世；⑵念過去佛，知佛、衆生爲迷悟之別，二者因果相同；⑶念未來佛，生起一切衆生平等而皆爲未來諸佛之心。

㈥**從禪、淨兼修論念佛三昧**：宋代禪師永明延壽（公元九〇四至九七五年）在「參禪念佛四料簡」中，主張禪、淨合一：「有禪有淨土，猶如戴角虎，現世爲人師，來生作佛祖。」

㈦**從念所對的境論念佛三昧**：明代天臺系傳燈大師（萬曆時人）撰《生無生論》，主張以現前一心無法不具爲本，即本此不可思議之一念念佛，有念自佛、念他佛和自他俱念三種念法。明智旭大師（公元一五九九至一六五五年）撰《靈峰宗論》，卷七也說：「念自佛在觀現前一念介爾之心，橫遍豎窮，百界千如種種性相自然具足，與三世佛平等無二，如此觀察，功深力到，得豁破無明，頓入秘藏。念他佛者，以彌陀果德莊嚴爲我所念之境，或念其相好，或念法門，或念實相，總名爲他佛。自他俱念者，所謂心、佛、衆生，三無差別，知衆生是諸佛心內衆生，諸佛是衆生心內諸佛，托彼果上依正，顯自身之理智，此即我心性本具之功德，不可思議，而諸佛果中之威力亦不可思議。是故感應道交，自他不隔，報果與圓因，稱理而映發。」

㈧**從普念、專念論念佛三昧**：清代華嚴學者彭際清（公元一七四〇至一七九六年）著《華嚴念佛三昧論》，分念佛法門爲普念、一心專念兩種。如《觀佛相海》、《佛不思議境界》、《無量壽》等經爲專念，《華嚴經》則一多相入，主伴交融，即自即他，亦普亦專，最爲圓融。他認爲：「上根利智了得自性彌陀，全顯自心淨土，舉一法身，攝無不淨。」「一般行人，不依佛力，功行難滿，必待回向極樂，親承授記，淨諸餘習，成滿願王，這才是一門超出妙莊嚴路。」

(九)從念與觀的辯證關係論念佛三昧：民國初年，印光大師（公元一八六二至一九四〇年）撰《念佛三昧》，主張辯證處理念與觀的關係。他說：「若論證三昧之法，必須當念佛時，即念返觀，專念一境，毋使外馳。念念照顧心源，心心契合佛體。返念而念，返觀而觀；即念即觀，即觀即念，務使全念即觀，全觀即念；觀外無念，念外無觀。觀念雖同水乳，尚未掬到根源。須向者一念『南無阿彌陀佛』上重重體究，切切提撕，越究越切，愈提愈親，及至力極功純，豁然和念脫落，證入無念無不念境界。所謂『靈光獨耀，迥脫根塵，體露眞常，不拘文字，心性無染，本自圓成，但離妄念，即如如佛』，此之謂也。功夫至此，念佛得法，感應道交，正好著力。」

解說

念佛三昧在中國發展的特點

從上面可以看出，《般舟三昧經》及淨土三經傳入中土以來，念佛三昧法門已有很大發展。歸納起來說，大體上有三個特點：

第一、明確主張持名往生淨土。《般舟三昧經》雖然提到持名、念阿彌陀佛，通過修一切佛立面前禪定而生天的思想，但沒有專門提倡持阿彌陀佛名號，也沒有與往生淨土密切相結合，直到《阿彌陀經》才強調執持阿彌陀佛名號，求生彌陀佛國土。而在中國創立淨土宗以來，所傳念佛法門，無不和持名求生西方淨土相結合。明智旭《彌陀要解》說：「執持名號，念念即佛，不勞觀想，不勞參究，當下圓明，無欠無餘，最爲直捷。」這是對龍樹《十住毘婆沙論・易行道》關於念佛法門是修菩薩行速至不退轉地的方便易行道思想的繼承和發揚，是《般舟三昧經》及淨土三經與中國的社會實際相結合，並得到創造性發展的生動體現。

第二、強調念佛三昧是一切三昧之王。《般舟三昧經》所闡明的般舟三昧法門，是在特定時間內（七至九十日夜）修行三昧，得見諸佛。中土弘傳的念佛三昧內容日益豐富，如曇鸞（公元四七六——五五四年）《略論安樂淨土義》與道綽（公元五六二——六四五年）《安樂集》（又名《淨土論》）說，念佛要專注不斷地念佛的相狀、佛的神力、佛的智慧、毫相、相好等，念其本願、稱名。這顯然是對般舟三昧法門的豐富和發展。道綽《安樂集》，在所分十二門中，第一門說：「淨土法門易修易證，應時應機，廣勸修學。」還說：「《觀無量壽經》、《觀佛三昧經》等以觀佛三昧、念佛三昧爲宗。念佛三昧是一切三昧之王。」善導《觀經疏》在論本經的宗要時也說：「以觀佛三昧爲宗，亦以念佛三昧爲宗，以一心回向往生淨土爲體。」他們的論斷，不僅是爲了提高本法門在禪定法門中的地位，破除一些人將念佛三昧視爲「墮於有相」之偏見，而且揭示了末法時代修持禪定法門的客觀規律，以適應大多數信衆的社會心理和信仰要求。北涼曇無讖譯《大集經》即（《大方等大集經》）說：「末法時中，億萬衆生起行修道，未有一人得道去。當今末法五濁惡世，唯有淨土一門，可通入路。」即揭示了末法時代修道難信難行、唯有念佛法門易入的道理。

《印光法師文鈔菁華》也說：「念佛法門，自力佛力，二皆具足，故得。已斷惑業者，速證法身；具足惑業者，帶業往生。其法極其平常，雖愚夫愚婦，亦能得其利益；而復極其玄妙，縱等覺菩薩，不能出其範圍。故無一人不堪修，亦無一人不能修。……末法衆生，福薄慧淺，障厚業深，不修此法，欲仗自力斷惑證眞以了生死，則萬難萬難。」一生逢末法時代，各種三昧或易入難行，或難信難入，唯有念佛三昧，自力他力俱足，功高進易，這對於理解爲什麼說念佛三昧是一切三昧之王的問題是很有啓發的。

第三、揭示禪、淨諸法門分合的曲折歷程和發展趨勢。禪、淨離合，這是中國佛教史上一個相當顯著的現象。佛法東傳，初期各種禪法相繼傳入，習禪者多如牛毛，許多宗派的創始人也無不習禪。如東晉慧遠，初亦提倡小乘禪數之學；道綽原學涅槃部，亦修習禪觀。這時各宗派或尙未具雛形，或剛剛脫穎而出，禪、淨之合，自是情理之中。隋唐之際，諸宗紛紛建立，雖然地論、三論、天臺諸師都講《觀無量壽經》，且有所撰述，但大都各弘本宗，以淨土爲輔。且不少人對觀像稱名念佛、十念成佛還有異議，如善導當時就曾與金剛法師論說過念佛法門的勝劣。習淨土者對他宗亦有所批評，如五臺法照認爲念佛三昧爲無上深妙禪門，批評禪徒不拜佛、不立文字，卻以用音聲語言爲執相，自捨萬善諸行於空見之中。可以說，這時修念佛三昧的淨土宗與禪宗等處於分立、對峙的地位。五代末延壽禪師撰《宗鏡錄》，會通天臺、賢首、慈恩異同之旨，提出四料簡，主張禪淨兼修。此後至明清時期，受記於紫柏禪師的法雨（仲光）於禪堂外另開念佛堂，蕅益（智旭）教人但念彌陀佛，即名無上深妙禪，都是堅持禪淨雙修的路數。這個合而分，分而合的曲折過程，一方面反映了中國佛教處於全盛時期各宗派修持本宗法門的不斷深入、日益完善（故能獨樹一幟，自成一宗），又說明各宗的相互影響、補充、吸收與融通。這種既相互批評、論難，又相互吸收、融通的現象，不但禪、淨兩宗有，在整個佛教界，在儒、釋、道三家的發展史上，都是如此。因爲，相互比較、批評而存在，相互吸收、融通而發展，這正是各種不同的思想意識形態（包括宗教教義）存在和發展的普遍規律，念佛法門與其他法門又何嘗不是如此呢？

當然，禪淨的發展，由合而分，由分而合，最終仍以淨土爲歸宿。近人黃念祖居士《大乘無量壽經白話解》前言說：「釋尊種種說法，無非是救度迷徒，讓他們得到眞實之利。眞實普利衆生，唯有阿彌陀佛四十八願，普度衆生同生極樂。」所以，千條江河，終歸大海；萬千法門，同歸淨土，這是必然的。

總之，自《般舟三昧經》及後來的淨土三經一論，傳入中土以來，念佛三昧法門及淨土宗的創立、發展、興盛，無不打上中國本土的烙印。持名念佛，往生淨土；以念佛三昧爲一切三昧之王；禪淨離合，歸於淨土，這三個特點，烙印尤深。認識這些特點，不僅有利於認清《般舟三昧經》作爲淨土三經最早先驅的地位和價值，而且對於弘揚念佛三昧，乃至發揚整個佛教的優良傳統，淨化人心，莊嚴國土都有深遠的意義。

誦習本經的重要意義

《般舟三昧經》屬於方等大集部。是現存大乘經典中最早期之作品，亦是有關彌陀經典中之最早文獻，爲淨土經典之先驅。本經爲後漢光和年間所譯，隨即傳於東土。而尋常學佛之人，誦習這部經典的並不太多，至今疏釋此經不多，重要的有智顗《般舟三昧行法》、元曉《般舟三昧經疏》。然而，本經在佛教中實有其重要地位。

佛教，就是以佛爲依止的教派。佛教徒也是以成佛作爲自己修持的最終歸宿的。《般舟三昧經》所說法門，就是說修此三昧的人，能見十方諸佛立在面前。這是其他經典所沒有涉及的。學佛必須修禪定，而達到禪定，是相當高的境界。本經所講的法門，就是「十方諸佛都現在面前」一種最上乘的禪定。這也是其他經典所不多見的。

中國佛教，向來以淨土宗（又稱蓮宗）爲無上深妙之宗門。口誦「阿彌陀佛」四字一心的修法，三輩、九品的階位，常常深入於信徒之心。東晉廬山慧遠法師在廬山結白蓮社，即是依據此經而現證念佛三昧。慧遠曾結合劉遺民的切實體驗，闡述此三昧說：「居住於廬山的法門及處士，都日復一日地勤勉修行，其中尤以劉遺民專注於佛道的修行，堅守戒律，連宗炳、張野都遠不及他的精進與努力。他一心坐禪，約半年之後，即能在定中見到佛陀現前，復於行旅中逢到佛陀，並有佛身自空中示現。其時光明普照大地，遠近皆熠耀生輝，令人不敢逼視。」他把此三昧與安世高系禪作比較，認爲「功高易修，念佛爲先」。後來的碩德名師，如菩提流支、曇鸞、道綽、善導、懷感、少康等等，多致力淨土經典的著述、注疏。要想通過蓮宗的修習而獲得利益的人，無不尊崇此經。

中國佛教天臺宗提倡三觀一念的行門（即一心而作空、假、中三觀）、百界千如的境界（即將相、性、體、力、作、因、緣、果、報、本末究竟十種事理加以三轉讀，以彰顯空、假、中三諦圓融之理及其境界），頗深入人心。而天臺宗智顗大師以來，即依持此《般舟三昧經》，實修常行三昧。隨後其他碩德名師，也是循此修行。所以，要想修持天臺宗而獲利益的人，也不能不尊重崇尚此經。

由上可知，中國佛教，無論禪、淨、臺各宗，法門儘管各異，尊崇《般舟三昧經》的見十方諸佛立在面前的法門都是相通的。可見誦習本經在中國佛教各個宗門中有十分重要的意義。

著重理解的幾個問題

依照《般舟三昧經》的經名，本經的唯一要義，就在於「十方諸佛悉在前立」之定。全經即是闡釋此佛立三昧的修持內容、根本要求、實質及其功德。修持此定，有幾條尤需強調：

⑴修持此定，貴在現證。所見十方諸佛，並未涉及三世，僅以現在佛為限。此三昧之名，亦名十方諸佛悉在前立，或稱現在佛悉在前立；文中亦常標明所見佛為現在佛。因此，讀者當勿以過去、未來佛混入。

(2)一切諸佛，平等相應。此三昧視一切佛平等相應，並無畛畦之分。其名十方諸佛悉在前立，「十方」二字應特別注意。經中雖獨舉西方彌陀，其他各方則略去。後來廬山慧遠法師、天臺智顗法師相繼沿用，也各以極樂世界爲歸宿，並不限於西方。這是因爲極樂即是十方的緣故。密教即有「彌陀即大日」的妙義。如果認爲般舟三昧爲專見彌陀之方便法門，那就可能失其本旨。

(3)佛立三昧，四衆同修。有的人以爲此法門具足一切功德智慧，並能現前見佛聞法，實爲最上勝妙之法門，除非比丘，別人不可能修習。這是一種誤解。當年佛說本經，特由賢護菩薩這一在家菩薩唱主角，其用意即在預先消除人們的上述偏見。

(4)所證境界，即空三昧。佛立三昧雖所證境界之中，親見十方諸佛悉現眼前，栩栩如生，儼然有相，但若泥於有相，必不見佛。正如《金剛經》所說：「若以色見我，以音聲求我，是人行邪道，不能見如來。」又說：「凡所有相，皆是虛妄。若見諸相非相，即見如來。」因此，修此三昧，正不應以其能見十方諸佛悉在前立，而遂認爲有相而執著。本經〈行品〉第二中，佛說此三昧即是空三昧，其餘品中也屢說不當有執著，這是最值得玩味的。其中貫穿著「說是……非是……是名……」的辯證思惟的大智慧，值得吾人認眞體會。

⑸三力入定，極堪著眼。佛說此種三昧之成，由於三力，即彼佛加持力，此三昧之功力，和本身功德力。這三力的合成，才能修此三昧。宜從這三方面著眼。

⑹定中六見，極其精要。〈行品〉第二之末，佛說菩薩在三昧中立者，所見可分爲六則，此六則均極精要，千萬不可忽視。

入三昧中六種境界

- 第一　心作佛
- 第二　心是佛
  - 觀經旨
- 第三　心即是佛，亦即是身
  - 含有即身成佛之義和心、佛、衆生三無差別之意
- 第四　心雖見佛而心不自知心，心中自見心
  - 顯密兩教微旨
- 第五　心有想是生死，心無想是涅槃
  - 為生死即涅槃之一種證釋迷悟之機，苦樂之鑰於此以顯
- 第六　一切法均由想起，所想既空，能想亦空
  - 此為佛教之宇宙觀、人生觀之根本義，學人當致力之處

參考書目

1 頻伽精舍校刊本《大藏經》
2《新修大正大藏經》 佛陀教育基金會印本
3《般舟三昧經講要》 《威音》雜誌
4《大乘法寶蓮宗寶鑑》 元・優曇普度大師 香港佛經流通處印本一九八七年
5《佛法概要》 明暘法師 上海圓明講堂一九九〇年印本
6《大乘無量壽經白話解》 黃念祖 中國佛教文化叢書本 黃氏在京弟子一九九三年印
7《佛學大辭典》 丁福保
8《佛光大辭典》 慈怡主編 書目文獻出版社一九九三年印本
9《佛教大辭典》 吳汝鈞 商務印書館國際有限公司一九九四年七月北京版
10《中國佛教》(四) 中國佛教協會編 知識出版社一九八九年版

千手千眼系列

第一套佛教生活實用叢書

在學佛的路上，
在紛擾繁忙的生活中，
隨時隨地助您一臂之力。

- 一句偈(一)—50位高僧的智慧語　星雲大師等著 150元
- 一句偈(二)—50位名人的座右銘　鄭石岩等著 150元
- 頓悟的人生　釋依空著 150元
- 與永恆對唱—細說當代傳奇人物　釋永芸等著 160元
- 跨越生命的藩籬—佛教生死學　吳東權等著 150元
- 善男子　傅偉勳等著 150元
- 善女子　宋雅姿等著 150元
- 佛教藝術的傳人　陳清香等著 160元
- 禪的智慧vs現代管理　蕭武桐著 150元
- 遠颺的梵唱—佛教在亞細亞　鄭振煌等著 160元
- 如何解脫人生病苦—佛教養生學　胡秀卿著 150元
- 疼惜阮青春—琉璃人生1　王靜蓉等著 150元
- 三十三天天外天—琉璃人生2　林清玄等著 150元
- 平常歲月平常心—琉璃人生3　薇薇夫人等著 150元
- 九霄雲外有神仙—琉璃人生4　夏元瑜等著 150元
- 生命的活水(一)　陳履安等著 160元
- 生命的活水(二)　高希均等著 160元
- 生活無處不是禪　鄭石岩等著 150元
- 心行處滅—禪宗的心靈治療個案　黃文翔著 150元
- 水晶的光芒(上)—第一、二屆佛光文學獎得獎作品集　王靜蓉等著 200元
- 水晶的光芒(下)—第三屆佛光文學獎得獎作品集　梁寒衣等著 200元
- 全新的一天　廖輝英・柏楊等著 150元

佛光文化事業有限公司
劃撥帳號：18889448・TEL：(02)29800260・FAX：(02)29883534
◎南區聯絡處　TEL：(07)6564038・FAX：(07)6563605
http://www.foguang-culture.com.tw/　E-mail:fgce@ms25.hinet.net

中國佛教經典寶藏精選白話版・般若三昧經

□總監修□ 星雲大師
□發行人□ 佛光山宗務委員會
心定和尚 慈莊法師 慈惠法師 慈容法師 慈嘉法師
依嚴法師 依恒法師 依空法師 依淳法師
□□ 一九九七年四月初版
二〇〇〇年一月初版四刷

□總編輯□ 慈惠法師 依空法師(台灣)；王志遠 賴永海(大陸)
□總連絡□ 吉廣輿 王淑慧
□釋譯者□ 吳立民 徐蓀銘
□美術編輯□ 陳婉玲
□法律顧問□ 蘇盈貴 舒建中 毛英富律師
□出版者□ 佛光文化事業有限公司
台北縣三重市三和路三段一一七號 ☎(〇二)二九八〇〇二六〇
E-mail:fgce@ms25.hinet.net
網址：http://www.foguang-culture.com.tw/
高雄縣大樹鄉佛光山寺(高雄辦事處) ☎(〇七)六五六四〇三八—九
□流通處□ 佛光山寺
高雄縣大樹鄉佛光山寺 ☎(〇七)六五六一九二一—八
佛光書局
高雄市前金區賢中街二七號 ☎(〇七)二七二八六四九
台北市忠孝西路一段七二號九樓之十四 ☎(〇二)二三一四四六五九
台北市汀州路三段一八八號二樓之四 ☎(〇二)二三六五一八二六
台北縣三重市三和路三段一一七號 ☎(〇二)二九八四九五二三
□定價□ 二〇〇元
□印刷□ 沈氏藝術印刷股份有限公司 ☎(〇二)二二七〇六一六一
□郵政劃撥第一八八八九四四八號 帳戶：佛光文化事業有限公司
□行政院新聞局出版事業登記證局版台省業字第八六二號
□如有缺頁或裝訂錯誤，請寄回更換

國家圖書館出版品預行編目資料

般舟三昧經 / 吳立民,徐蓀銘釋譯. -- 初版. --
高雄縣大樹鄉 : 佛光, 1997[民86]
面 ; 公分. -- (佛光經典叢書 ; 1140)(
中國佛教經典寶藏精選白話版 ; 40)
參考書目:面
ISBN 957-543-544-3(精裝). -- ISBN 957-
543-545-1(平裝)

1. 方等部

221.38　　　　　　　　85012569